LE TESTAMENT INACHEVÉ

CARDINAL DECOURTRAY
de l'Académie française

LE TESTAMENT INACHEVÉ

Entretiens avec Nicolas Domenach
et Maurice Szafran

LE GRAND LIVRE DU MOIS

ISBN : 2-08-067097-2
Imprimé en France

Ce livre est une parole d'amour.
L'amour de Dieu, l'amour des hommes.
Cet amour qui l'a habité et qu'il a proclamé toute sa vie.
C'est son dernier message.

Mademoiselle Paule DECOURTRAY

POUR EXPLICATIONS

« Vous savez, je ne m'intéresse guère... »

Ainsi s'ébaucha avec le cardinal Decourtray un dialogue scellé, de part et d'autre, autour d'une exigence unique : la vérité ; un dialogue qui se poursuivra durant trois mois, à l'été 1994, pour s'interrompre le 16 septembre de cette même année. Quarante-huit heures plus tôt, l'archevêque de Lyon nous recevait encore pour l'un de ces longs entretiens – deux heures, toujours – où, à partir d'un canevas rigoureux, de questions préparées à l'avance que nous lui avions communiquées, il laissait aller son intelligence, son imagination et cet immense amour des autres, de tous les autres, véritable clef du personnage.

Voilà pourquoi sa disparition a bouleversé chacun d'entre nous. Voilà pourquoi des milliers de gens, célèbres ou anonymes, catholiques et protestants, juifs et musulmans, croyants et incroyants, de droite, de gauche et de nulle part, ont gravi la colline de Fourvière. Pour lui rendre hommage, cela va de soi, mais surtout pour saluer et accompagner l'un des leurs. Notre peine était identique à celle de cette foule immense, communiant dans le souvenir d'un Juste, en un de ces instants rares où s'abolissent les bonnes et les mauvaises querelles.

Aussi aurions-nous pu décider d'en rester là, de ranger nos bandes magnétiques et nos notes au fond d'un tiroir, de respecter le silence de la mort. Était-il possible, cependant, de renoncer à faire entendre cette voix, alors que son timbre joyeux, sa sonorité chaleureuse et sa gravité résonnaient encore dans nos têtes ? Les mots du père Decourtray revenaient sans cesse dans nos conversations. « Un signe de Dieu », aurait-il ironisé, avec le sourire moqueur qu'il réservait aux incrédules de notre acabit. Un signe ? La certitude, s'il en était besoin, que nous étions habités par ces heures passées ensemble et que notre aventure commune ne devait pas, ne pouvait pas s'en remettre à un arrêt cardiaque. Ne nous avait-il pas, d'ailleurs, lors de notre ultime rencontre, livré cette confidence comme une évidence et sans que nous y prêtions la moindre attention sur le moment : « Mourir, ce n'est pas partir complètement. »

Ce livre en est la preuve.

L'histoire qui nous lie désormais au père Decourtray commença au printemps 1994. Sans nous. Par une lettre toute simple du primat des Gaules à Françoise Verny. Il avait été touché par la foi dont son dernier livre – *Dieu n'a pas fait la mort* – portait témoignage. Ils se retrouvèrent à l'archevêché pour parler ensemble, longuement, de Dieu, des Écritures, et de l'écriture... d'un livre. Archevêque, prince de l'Église, acteur – « involontaire », nous répéterait-il à de multiples reprises – de la scène politique nationale, académicien français : pouvait-il désormais se contenter de porter la parole sans, à nouveau, en passer par l'écrit, la trace laissée par les mots ? Le cardinal en avait envie ; la conception qu'il avait de son ministère l'y poussait et, plus encore, son goût de la littérature, de la philosophie, des idées combattantes... Françoise Verny lui suggéra alors de se livrer à l'exercice périlleux des questions-réponses, de l'interrogatoire. Et le cardinal de laisser entendre que, sous cette forme, « peut-être »... Si nous l'avons sollicité, et avec obstination, pour qu'il accepte de se prêter à ce jeu difficile, c'est que nous avions, ancrées en nous, quelques certitudes : rares sont aujourd'hui les témoins ou les acteurs de la société dont le propos, même s'il peut prêter à contestation, porte si loin et si fort : il faisait partie de ceux-là. Rares sont les puissants – et le cardinal Decourtray en était un, même si cette affirmation le hérissait – qui prétendent faire de l'amour leur seul credo. Plongés dans les arcanes de la vie politique, nous voulions mieux connaître un personnage que d'aucuns présentaient comme un saint vivant. Nous nous sommes donc permis d'insister, tant et tant. Il n'en était pas moins effrayé et cherchait désespérément quelque excuse pour échapper à ce qu'il considérait comme une « épreuve ».

Écrire donc, avec nous, travail à six mains. Il craignait de ne pas trouver le temps, les obligations sacerdotales sont si lourdes, les femmes et les hommes qui sonnaient à sa porte et qu'il recevait sans garder l'œil fixé sur la pendule, si nombreux. En réalité, mais il faudrait quelque temps pour nous en apercevoir, la tentation du silence avec Dieu le hantait. Entré dans les ordres depuis quarante-sept ans déjà, il était parfois las, de parler, de chercher à convaincre. Même s'il savait qu'il n'avait pas le droit de se taire. « J'ai échoué dans ma mission, nous confiait-il. Même après Auschwitz, les hommes n'ont toujours pas compris... » Notre rencontre lui permit sans doute de contourner cette hésitation fondamentale, qui reviendrait tel un leitmotiv à chacun de nos échanges.

Albert Decourtray était intrigué. Les deux journalistes qui le poursuivaient ne lui étaient pas inconnus. En décembre 1986, à la veille de Noël, nous l'avions approché pour notre journal, *l'Événement du Jeudi*. L'interview, qui portait sur la morale et l'état de la société française, avait provoqué un choc profond parmi nos lecteurs, le courrier, abondant, en étant la preuve irréfutable. Mais l'essentiel, à ses yeux, tenait à nos cheminements respectifs. Certes, cela piquait sa curiosité d'avoir affaire à des journalistes politiques qui affirmaient délaisser très volontiers leur univers quotidien pour interpeller un homme d'Église et l'interroger sans relâche sur ses relations tumultueuses avec Dieu, Jésus et les hommes. Que nous ayons de la sorte voulu nous « laver la tête » l'amusait ; l'intéressait plus encore le double dialogue qu'il nouait avec l'un et avec l'autre.

L'un, Nicolas Domenach, est « de la famille ». D'une grande famille catholique, celle de la revue *Esprit*, créée par Emmanuel Mounier et longtemps dirigée par Jean-Marie Domenach, le père donc. Le fils paraissait au cardinal de la même lignée turbulente ; indocile, antipapiste résolu dès lors qu'il est question de la morale, sexuelle notamment, adversaire irréductible des compromissions avec les puissants. Albert Decourtray préférait encore l'agressivité à l'indifférence. Or, il savait qu'après avoir tant et tant bataillé, « ses frères » d'*Esprit* s'étaient éloignés de l'Église institutionnelle, eux et leurs descendants. Sans rupture définitive, toutefois. Mais cette distance, ce désintérêt, ce mépris presque n'étaient-ils pas pires que la rébellion interne si longtemps menée ? Au temps de sa jeunesse dans le rude pays du Nord, le cardinal avait nagé lui aussi dans ce courant – le personnalisme d'Emmanuel Mounier – et côtoyé ces gens, les cathos dits « de gauche ». Il en gardait une nostalgie et un regret : que cette pensée vivifiante pour la chrétienté ait pris le large. Un homme ne se refait pas complètement à soixante et onze ans et sans doute conservait-il le secret espoir de ramener au bercail ces moutons égarés, fussent-ils des moutons noirs, et justement parce qu'ils l'étaient.

L'autre – Maurice Szafran – vient d'une famille juive polonaise installée en France après la Shoah, une famille en grande partie décimée dans les chambres à gaz d'Auschwitz, une famille qui avait appris à ses dépens ce que peut signifier l'antisémitisme chrétien dans cette Pologne catholique jadis adulée des juifs. « N'en doutez pas, monsieur Szafran; jeune curé, j'aurais essayé de vous convertir. Plus maintenant... » Maintenant, le père Decourtray cherchait à comprendre. Comprendre les racines de l'antisémitisme; comprendre les ressorts et les tréfonds du nazisme; et, surtout, œuvrer à cette réconciliation judéo-chrétienne de laquelle, il en était convaincu, dépend en grande partie le destin de l'Europe et de la civilisation occidentale. Ce mano a mano intellectuel avec un juif français qui avait déjà réfléchi et écrit sur ces problèmes difficiles, troublants, quasiment charnels, avait pour lui, et il ne le dissimulait pas, une grande importance. L'affrontement ne lui faisait pas peur, il le souhaitait même.

Nous nous retrouvions le vendredi après-midi et parfois le samedi matin au premier étage de cet archevêché qui, à proximité de la basilique de Fourvière, domine la ville tout entière. Étonnante atmosphère dans cette demeure bourgeoise avec son petit jardin où le jardinier-chauffeur du cardinal cultive fleurs et légumes, avec cette odeur de soupe et d'encaustique, avec la présence discrète et vigilante de toutes les « demoiselles » du cardinal, sur le pas de la porte, au standard, au secrétariat. Défenseur acharné du célibat des prêtres, Albert Decourtray prenait plaisir à vivre dans un univers de femmes et cela ne devait évidemment rien au hasard si, dans son bureau, dans sa salle à manger, dans ses appartements privés, le visiteur pouvait partout remarquer des portraits d'Élisabeth de la Trinité, « ma sainte », aimait-il à plaisanter.

Le rituel, car il s'est vite établi un rituel entre nous trois, était immuable. Nous nous installions dans la salle à manger aux volets mi-clos avec une ponctualité « d'amoureux », aurait dit Balzac; jamais une seconde de retard, souvent plusieurs minutes d'avance. Sur la table, quelques gâteaux auxquels personne ne s'intéressait, deux canettes de bière – jamais entamées – et une bouteille d'eau minérale. Le cardinal commençait immanquablement par tomber la veste et par dégrafer sa collerette blanche, comme s'il s'apprêtait à livrer un combat. « Je suis à vous, messieurs... » Mais c'est nous qui, bien vite, étions à lui. Lorsque nous devions interrompre l'entretien parce que le train du retour nous attendait, il cachait à peine sa déception de stopper l'échange. « On arrête déjà? » nous interrogeait-il d'un ton navré. Et de regarder aussitôt sur son carnet le jour du prochain rendez-vous, s'arrangeant pour déplacer telle ou telle obligation afin de nous donner, afin de se donner, toujours plus de temps.

Qu'avons-nous découvert, au fil des heures et des entretiens? Que le cardinal Decourtray était aussi, à sa manière pleine de charme, un dissimulateur. Il aurait bien voulu nous faire tomber dans le piège tendu depuis près de cinquante ans à ses pairs de l'Église et à ses fidèles : laisser croire qu'il était seulement un homme bon, un homme simple, un naïf qui, jamais, ne s'était détourné de la foi lumineuse de sa petite enfance. Si tout cela est vrai – et tout cela est vrai, puissant même – le père Decourtray était aussi un intellectuel, dans toute l'acceptation du terme. Un philosophe subtil, un théologien profond, curieux de toutes les idées, de toutes les idéologies qui ont tant dérangé « son » Église. « Freud est un génie... » « Lacan, un escroc magnifique. » Quant à Marx, persiflait-il, « il n'a pas toujours eu tort ! » Le prélat que nous découvrions se frottait volontiers à la contestation idéologique ; il n'en restait pas moins inébranlable sur les exigences de la morale catholique. Sida, avortement, homosexualité, mariage des prêtres, ordination des femmes, contraception, surpopulation : nous revenions sans cesse sur ces sujets et notre insistance l'agaçait autant que son incapacité, et celle de l'Église tout entière, à se faire comprendre. « Être conservateur sur les problèmes essentiels de la morale, c'est la définition même du véritable esprit révolutionnaire », s'écriera-t-il lors de notre dernier entretien.

Le personnage, ce « mystique engagé », comme l'a justement baptisé Henri Tincq, le chroniqueur religieux du *Monde*, était à dessein complexe et contradictoire. Rien ne l'amusait plus que d'être traité d' « évêque rouge » par les ultras du catholicisme et de « papiste obtus » par la gauche chrétienne. Ainsi n'appartenait-il à personne. Ainsi pouvait-il être entendu de tous côtés, du moins l'espérait-il. Dans un tel contexte, était-il concevable de ne pas publier ce texte?

Plus et mieux que personne, nous sommes conscients des faiblesses de ce *Testament inachevé*. Les lecteurs seront sans doute surpris que certains sujets abordés ne soient pas davantage approfondis. « Nous en parlerons plus tard, nous disait avec gourmandise le cardinal. Nous creuserons... » Le temps lui aura, nous aura, fait défaut.

Dans le plan que nous avions élaboré, quelques thèmes importants restaient à traiter : la nomenklatura ecclésiale, ses rapports avec la société politique, la place des immigrés en France, le retour des nationalismes et de la xénophobie, le rôle de l'argent, la déchristianisation galopante, l'importance du catholicisme dans l'effondrement du communisme, l'immoralité – ou non – du capitalisme... Ce sont là des manques essentiels et nous sommes évidemment les premiers à le savoir, à le regretter.

Cette publication n'en est pas moins indispensable. Indispensable parce que le parcours personnel du cardinal Decoutray illustre une démarche intellectuelle, spirituelle, morale et politique unique. Les pages consacrées ci-après aux juifs marquent une volonté de réconciliation acharnée et sans équivalent. Le cardinal exigeait que l'Église, son Église, aille beaucoup plus loin et beaucoup plus vite, qu'elle reconnaisse ses responsabilités dans la persistance millénaire de l'antisémitisme. Il fallait que ce propos soit entendu, par-delà la mort.

Indispensable parce que ce *Testament inachevé* témoigne d'une foi inébranlable, d'une résolution inaltérable de faire passer un message d'amour, et pas seulement à l'adresse des catholiques. A l'inverse du pape Jean-Paul II, le cardinal Decourtray avait l'obsession que sa parole porte au-delà de la chrétienté, qu'elle résonne ailleurs que parmi les initiés.

Indispensable, oui, parce que nous sommes tous aujourd'hui à la recherche de l'expression sincère d'une conviction forte à laquelle adhérer ou s'opposer, mais qui, au moins, a l'immense mérite d'exister. Cette conviction s'exprime ici, d'une manière étonnante, grave et ludique, parfois lasse, puis subitement tonique. Le cardinal Decourtray alternait une juvénilité jubilatoire et une profondeur prophétique que nous avons tenté de restituer au mieux. Sachant qu'avant toute chose, il y avait en lui la volonté de transmettre ses réponses et ses interrogations, d'une même voix, sur un même plan.

« Encore aujourd'hui, j'essaie de comprendre », nous répétait-il à chaque occasion, condamnant de la sorte toute démarche d'exclusion.

Tel était le père Decourtray que nous avons un jour rencontré.

N.D. et M.S.

PREMIÈRE PARTIE

LA FOI

« Je m'avance d'un pas de plus en plus assuré vers des horizons de plus en plus obscurs. »

TEILHARD DE CHARDIN

Dans l'Église de France se raconte déjà une légende Decourtray : l'enfant de cinq ans signifiant à sa mère sa volonté d'être prêtre, le brillant élève de l'école laïque et républicaine la confirmant plus tard à son instituteur. Mais après Auschwitz, après le goulag, après le génocide cambodgien par les Khmers rouges, après les récents massacres du Rwanda, après tant d'autres horreurs de ce siècle, pouvez-vous toujours affirmer que la foi du cardinal Decourtray, soixante et onze ans, primat des Gaules, vedette et puissant parmi les puissants du catholicisme, peut encore s'ancrer dans celle, naïve, joyeuse, illuminée, du petit Decourtray?

Mais j'ai gardé une foi d'enfant...

Sérieusement?

Je rencontre des chrétiens qui ont une foi si difficile, si complexe qu'il s'avère ardu de savoir s'ils croient ou pas. Une foi d'enfant, oui, et j'ai conscience de la rareté d'un tel élan. Mais aujourd'hui, je peux raisonner, j'ai appris à raisonner. La construction intellectuelle qui s'est établie progressivement en moi ne m'a jamais éloigné de mes convictions d'enfant, elle les a comme purifiées. J'ai la conviction qu'entre le gamin et le cardinal, il n'y a pas de différence. C'est le même Decourtray. A l'origine de ma foi, tout petit, il y a eu une sorte d'émerveillement, lequel a résisté à toutes les épreuves. Et pourtant, il y a une différence considérable : enfant, j'étais émerveillé, mais je n'étais pas épouvanté ; aujourd'hui, je suis émerveillé ET épouvanté.

Terrible discordance...

On vient de me remettre quelques informations sur le Rwanda. Des millions de chrétiens, tous baptisés, s'entre-tuent ! Alors, je le répète : je suis épouvanté, effaré ! Enfant, j'ai éprouvé la paix de ceux qui croient presque naturellement. Je n'avais aucun doute. Plus tard, aujourd'hui encore, c'est devenu obscur, douloureux. A l'époque, rien n'était obscur.

Il y a une parenté entre l'athéisme et l'obscurité. Si quelqu'un dit : « Je n'arrive pas à croire, c'est bien trop obscur », j'ai envie de répondre : « Ce serait encore bien plus obscur si tu croyais. » D'une certaine manière, la foi rend plus assurée la présence, mais aussi plus épais le mystère.

Cette foi de l'enfance reste un mystère pour nous. D'où vient-elle ? A quoi croyiez-vous alors ?

La note dominante, c'était la présence. Il y avait une présence, il y avait quelqu'un. Ce mot de présence n'a rien d'imaginaire. Je veux dire par là que j'ai toujours parlé à Dieu, sous la forme du *Notre-Père*, du *Je vous salue, Marie*. J'ai toujours eu une certaine relation avec Dieu, une relation d'enfant, mais une vraie relation tout de même. Je lui ai dit très tôt et en termes d'enfant : « Que veux-tu que je fasse ? »

Tout petit, vous parliez donc à Dieu...

Bien sûr. Notre Père, que ton règne vienne. Seigneur, fais que ma mère obtienne son permis de conduire...

Tous les enfants parlent ainsi, même ceux qui ne deviendront pas curé ou cardinal : « Dieu, si tu existes, fais ceci, fais cela... »

Je n'étais pas dans cette logique, puisque je ne doutais pas de son existence. Mon père avait été recalé deux fois avant d'obtenir son permis de conduire. A sa première tentative, ma mère avait échoué. J'ai demandé au Seigneur qu'elle réussisse juste pour voir la tête de mon père. Elle l'a eu. Je n'étais pas étonné, j'en étais sûr. Mon rapport à Dieu était infantile, mais pas seulement. A cinq ans, j'ai communié pour la première fois. Si jeune, c'est rare. A cet âge, c'est vrai, j'ai désiré être prêtre.

Prête, mais pourquoi?

Pour être plus près de Jésus. Je crois bien l'avoir dit ainsi, sans plus de détours, à ma maîtresse d'école. Les doutes et les obscurités sont arrivés bien plus tard. Quand j'ai lu Sartre, Simone de Beauvoir, Marx ou Nietzsche. Mais Marx notamment, le jeune Marx, s'attaquait à un Dieu qui n'avait rien à voir avec le mien. Celui qu'il décrivait, j'étais prêt à taper dessus avec lui. Ce Dieu-là, l'absurde empereur du monde, ne m'intéressait pas du tout, je m'en moquais! La réponse, je l'ai trouvée peu à peu, d'abord dans Jésus, puis dans les Écritures...

Plus tard, vous avez approfondi le marxisme?

Oui, j'ai lu les textes essentiels et, au grand séminaire, j'ai suivi des cours importants, consacrés au marxisme.

Vous n'avez pas éprouvé la tentation de devenir marxiste?

Pas le moins du monde! Sans doute parce que le marxisme, à l'époque, était trop anticlérical, trop antiecclésial. En revanche, j'ai trouvé dans le marxisme des éléments enrichissants, notamment les descriptions du prolétariat. Elles étaient réelles, ces descriptions, et Marx m'a alors influencé dans la mesure où il décrivait un drame à la perfection. D'autre part, Marx exigeait davantage de justice et ça, j'étais pour! Mais dès l'instant où il m'explique que l'avenir passe par le matérialisme dialectique, alors là je ne peux plus le suivre, Marx...

Dieu opium du peuple, vous ne supportez pas non plus...

Là, j'étais plus nuancé. Car il y avait des textes qui, à l'époque, me troublaient. Que démontraient-ils ? Qu'une mauvaise manière de parler de Dieu pouvait conduire les chrétiens à s'endormir. Que Marx contribue à réveiller leur conscience en rappelant que Dieu était parfois présenté comme celui qui empêchait la révolte, voilà qui ne me dérangeait pas ! La critique de Marx contre la religion a une part de vrai, il faut l'admettre.

Mais le marxisme n'a pas porté atteinte à votre foi ?

Certainement pas. Dans mon esprit, tout cela était limpide : le Dieu auquel Marx s'en prenait, ce n'était pas mon Dieu, c'était une caricature de Dieu. Marx m'interpellait et j'étais prêt à la riposte : présenter Dieu comme celui qui aide à nous libérer. J'étais fasciné par la JOC, ces jeunes ouvriers pour qui Dieu, le Dieu de Jésus-Christ, était libérateur. Ils n'acceptaient pas l'esclavage social; moi non plus.

Jeune, vous ne connaissez pas les communistes, vous ne les croisez jamais ?

Non, je ne les connais pas. Mais rappelez-vous : les communistes offrent à cette époque une parodie d'eux-mêmes. Ce sont des forcenés de l'anti-

Église, ils crient sans cesse « à bas la calotte ». Nous les appelions les communards, et quand ils nous croisaient, ils se moquaient de notre soutane en imitant le cri du corbeau : « Croâ, croâ. » J'étais furieux.

Vous vous sentiez agressé ?

Figurez-vous que je n'aime pas l'insulte...

Vous aviez envie de vous battre...

Je n'en étais pas capable. En soutane, on ne se bat pas...

Sauf Don Camillo...

Vous avez sans doute remarqué que je suis assez loin de Don Camillo.

Mais revenons encore au Dieu de votre enfance...

C'était le « bon Dieu », nous l'appelions ainsi à la maison. Sans doute parce qu'il récompense. C'était un Dieu exigeant. Il demande. Je connaissais les dix commandements de Dieu à Moïse.

Petit, cela ne vous dérangeait pas, ce Dieu qui commandait ? Vous acceptiez son autorité ?

C'était très facile pour moi... Et puisque l'Église, c'était Dieu, j'obéissais à l'Église. On m'avait expliqué qu'il ne fallait pas prendre la moindre goutte d'eau avant de communier. Et des gouttes d'eau, il m'est arrivé d'en boire. Ma conscience en était troublée. Un ami adulte – un âne –, que j'avais mis au courant, m'a même assuré que ce péché était grave. Je suis alors allé avouer mon péché à un prêtre, intelligent, lui. Il a éclaté de rire.

Et le Dieu vengeur, celui qui fait souffrir?

Je l'ai découvert beaucoup plus tard, dans les livres à nouveau. J'ai toujours été distant à l'égard de cette conception du Dieu vengeur. Ensuite, j'ai fini par comprendre combien elle avait marqué des générations de chrétiens. Ils grelottaient de peur... Pour l'essentiel, mon émerveillement demeure. Bien sûr... Parce qu'il y a aussi des signes de réconciliation, d'amour. Mais je vieillis. Ma foi vieillit, elle aussi, et ma capacité d'émerveillement en est menacée. Alors je réagis.

Comment?

En revenant à la source : rappelle-toi ce qu'a dit le Christ, souviens-toi ce qu'a fait Jeanne d'Arc, relis le procès de Jeanne d'Arc et tu (re) découvriras ce que lutter pour Dieu signifie. A cinq ans, à onze ans, je n'avais pas à lutter.

Mais le bon Dieu d'Albert, onze ans, et celui du cardinal, soixante et onze ans, est-ce le même?

J'ai le sentiment que c'est le même, mais très déployé. Cet arbre-là correspond-il à cette grainelà? Oui, bien sûr, mais entre la graine et l'arbre, il y a une telle différence. Bien sûr, j'éprouve une profonde impression de continuité. Même si, depuis, je me suis enrichi... et j'ai perdu... Je raisonne et une construction, progressivement, s'est établie. Mais elle ne m'a jamais éloigné de ma foi d'enfant. Elle l'a purifiée.

Mais la croyance demeure-t-elle identique?

Non, bien sûr. Je n'ai jamais plus rien demandé. Seigneur, faites ce que vous voulez, que votre volonté soit faite... mais que ce monde devienne meilleur... En septembre 1980, j'ai souffert d'un cancer de la gorge, j'étais muet. Jamais je n'ai demandé au Seigneur de me guérir. A tort, peut-être... En ce moment, je prie tous les jours pour les Rwandais, mais le mystère de ces atrocités reste profond. C'est l'obscurité. Petit, je ne connaissais pas tous ces drames.

Petit, vous croyiez au paradis?

Cette image ne me revient pas. Je ne me représentais pas le paradis sous la forme d'un jardin. La vie qui nous attend, c'est l'apôtre Paul qui la résume d'une manière décisive : « Nous serons ensemble avec lui pour toujours. » Le « avec lui » est capital.

Donc, le paradis avec les fleurs et les petits oiseaux...

Ça, c'est l'aspect poétique. La vraie vie, la vraie poésie est ailleurs, comme dit Rimbaud.

Ce don de Dieu au berceau, est-ce vrai ou est-ce une légende de Bibliothèque rose?

C'est vrai et j'irai même plus loin : dès le sein de ma mère. Je n'ai aucun souvenir de ma conscience la plus ancienne, de mon attraction pour celui que nous appelons Dieu. Je voudrais d'ailleurs l'appeler autrement car ce mot, « Dieu », est tellement ambigu. Ça m'ennuie de dire « Dieu ». Quelqu'un d'immense, de très bon, d'exigeant.

A l'école, maternelle puis communale, vos copains vous interrogent-ils sur votre foi flamboyante?

Je vivais dans un monde où, en principe, tout le monde croyait sans savoir à quoi il croyait. Seuls les anormaux ne croyaient pas, nous en étions convaincus.

Avouiez-vous à vos amis votre intention d'être curé?

Non...

Et vous n'avez jamais songé à devenir pompier, footballeur ou médecin?

Jamais. Plus tard, beaucoup plus tard, j'ai rêvé d'être philosophe ou chef d'orchestre...

Il y avait donc les enfants qui ont la foi et ceux qui ne l'ont pas. Cela vous semble...

Étrange... Il y avait une chance sur deux que cette foi s'éloigne de moi. Elle est restée...

Mais pourquoi vous et pas un autre?

Je ne sais pas.

A ceux qui ne bénéficient pas de cette foi, de cette chance, conseillerez-vous, comme Pascal aux libertins, de faire les gestes, de faire comme si... et ça finira bien par leur tomber dessus, tôt ou tard...

Certainement pas, ce n'est pas mon genre. D'ailleurs, je ne conseille plus rien. Non, je vous trompe. Si, d'aventure, l'un de vous deux me demande conseil, voilà ce que je lui dirai : essayez de percevoir ce qu'il y a de plus profond en vous et tentez de le vivre au maximum, de suivre cette transcendance mystérieuse qui conduit à la paix. Mais ce qu'il y a de plus profond, ce n'est pas moi qui vais le déceler à votre place. Désormais, je réponds aux questions en me contentant de témoigner : voilà pourquoi je crois.

Vous ne croyez donc pas à la méthode Coué?

Non.

Votre famille, elle, n'était guère pratiquante...

On ne disait pas la prière à la maison. Ma mère priait et elle m'a appris à prier, le matin au lever et le soir avant de dormir. Mais, de sa part, c'était une attitude privée et non pas familiale. Elle exécrait la bigoterie. Mon père allait à la messe une fois par an, à Pâques...

Pourquoi à Pâques?

Il y avait une obligation à l'époque : « Tous les péchés, tu confesseras au moins une fois l'an. » A Wattignies, mon village du Nord, c'était comme ça. Ma mère, elle, allait à la messe tous les dimanches, ma grand-mère aussi. Quant à mon grand-père paternel, s'il ne faisait pas ses Pâques, il tenait beaucoup au baptême des enfants, aux mariages et aux enterrements à l'église.

Votre père, vous le définissez « catholique gros grain »...

Dieu avait un sens pour mon père. Mais il n'en avait pas peur, il ne croyait pas en un Dieu terrifiant; il lui rendait hommage, voilà tout. De Dieu, il ne m'a jamais parlé. Jamais! Mais il y avait dans la conscience de mon père une immense honnêteté : on ne ment pas, on ne vole pas, on ne trompe pas sa femme. Il m'a fallu du temps avant de m'apercevoir que tout le monde ne partageait pas ces quelques règles morales. J'ai d'abord cru qu'il était rare de ne pas les respecter ; j'ai ensuite découvert que c'était courant. J'étais niais, n'est-ce pas ? J'étais stupéfait en effet que l'on puisse en toute tranquillité tromper sa femme, voler quelqu'un, mentir. Il y a eu un passage en moi : de l'extraordinaire illusion de ma petite enfance à une lucidité peut-être excessive aujourd'hui. J'ai quelque difficulté à croire désormais en l'honnêteté de l'homme.

La morale de votre père n'était-elle pas, en réalité, une morale laïque et républicaine ?

Personne, à l'époque, ne raisonnait de la sorte. La morale – et elle n'avait rien à voir avec celle d'aujourd'hui – était partout présente et, qu'on le veuille ou non, elle était marquée, cette morale, par l'influence religieuse. Dans mon village, le curé et l'instituteur s'entendaient à la perfection. J'étais enfant de chœur. Quand il y avait un enterrement, l'instituteur, en accord avec son directeur, m'envoyait à la messe. Je manquais une heure de cours et ça ne faisait pas d'histoire. La guerre civile, celle que nous avons connue en 1984, lors des manifestations pour la défense de l'école libre, par exemple, n'existait pas entre laïcs et religieux. A onze ans, toute le monde faisait la première communion; après la communion dite solennelle, les trois quarts de mes copains cessaient de fréquenter l'église. Cela n'avait guère d'importance puisque, à l'école laïque, le maître nous imposait la même morale que le curé ou que mon père.

Il était sans doute athée, votre maître d'école...

Il ne venait jamais à la messe et je ne l'ai jamais vu faire un signe religieux. Mais par-delà la présence – ou non – de notre relation à Dieu, par-delà les mots, il y a la réalité, et celle de Dieu ne s'épuise pas dans des mots. Certains hommes affirment que, pour eux, le mot « Dieu » n'a pas de signification. Mais parfois, la réalité de Dieu est présente en eux. C'était le cas de mon instituteur. Dieu m'apparaît présent, à chaque instant, dans la vie, dans les comportements de Jaurès, bourgeois et normalien qui a consacré sa vie toute entière aux ouvriers. Pour moi, c'est évident.

Vous venez, vous aussi, d'une famille bourgeoise...

Petite-bourgeoise, pour être précis. Nous étions propriétaires de notre maison, une grande demeure à quelques kilomètres de Lille. Entre Lille et Wattignies, il y avait encore des champs. Les après-midi de vacances, ma grand-mère nous y emmenait pour d'interminables promenades. Ça me paraissait immense et, dans le lointain, j'apercevais les premières maisons de la grande ville. Ceux qui habitaient là-bas, nous les appelions dans notre langage les « crapules du Sud ». On nous avait appris à nous méfier de ces « jeunes canailles » et nous n'allions jamais à Lille. Jamais. En fin de compte, j'ai eu une enfance champêtre. D'autant que mon père possédait deux ou trois chevaux. Dans nos caves, il fabriquait une levure de bière qu'il allait vendre ensuite chez les boulangers du canton. Puis il a dû cesser cette activité en raison de la concurrence terrible de la levure sèche. Il est alors devenu représentant chez un brasseur. Un tout petit représentant.

Votre père s'intéressait plus à la politique qu'à la religion ?

Il n'était pas socialiste. Pas du tout. Les socialistes, chez nous, c'était les Rouges. Il n'était pas de droite non plus. Pas du tout. La droite, c'était les Croix-de-Feu du colonel de La Rocque et il ne supportait pas davantage. On lui avait demandé de rejoindre les Croix-de-Feu et il avait refusé. Pour l'en punir, des excités avaient dessiné en rouge un marteau et une faucille sur la grande porte de la maison. Mon père était furieux. En fait, il se réclamait d'un patriotisme à la Clemenceau. « On peut mourir pour notre pays », disait-il.

A la maison, qui commandait?

Mon père ramenait l'argent. Puis il demandait à ma mère qu'elle s'occupe de « tout ça ». Ma mère ne demandait pas mieux. C'est elle qui, à la maison, exigeait ordre et discipline; lui, il nous faisait rire, il ne nous punissait jamais. A l'accoutumée, c'est l'inverse.

Vous nous racontez là une enfance normale, presque banale...

C'était une enfance heureuse et sans luxe. Je n'ai jamais eu, par exemple, des jouets chers. J'ai compris combien j'avais eu de la chance après coup, en découvrant le malheur des autres. Heureux? Oui, en raison d'une véritable harmonie familiale. Nous nous entendions bien, la mère punissait les enfants quand il le fallait, sans excès. Vous avez trouvé l'adjectif le plus approprié : normal... Une grande maison, un jardin, des jeux...

Et puis si bon élève en classe, le petit Albert, encore une fois, un vrai personnage de la Bibliothèque rose...

D'accord: je passais pour un élève doué, sérieux et même sympathique. Ça j'en doute un peu, mais puisque on me l'affirme... J'ai conservé le souvenir d'un chahut. Oh, un tout petit! J'ai piqué le béret d'un voisin, je l'ai lancé en l'air et il est retombé sur la tête de la vieille directrice. J'ai éprouvé une peur panique : allait-elle me punir?

Plus tard, le directeur de l'école publique est venu à la maison. « Pour la rentrée, a-t-il dit à mes parents, je souhaite inscrire Albert au lycée Faidherbe à Lille. Il obtiendra une bourse sans aucune difficulté. » Ils étaient flattés car Faidherbe, c'était le grand lycée de la région, le plus prestigieux. Mes parents étaient fiers. Pensez : ils avaient l'un et l'autre quitté l'école à douze ans. Mais ils ont dû refuser. Trois jours auparavant, j'avais confirmé à mon curé que je voulais être prêtre. J'ai donc pris à onze ans, en octobre 1934, le chemin du petit séminaire. Interne ! C'était la première fois que je quittais la maison, mes parents, mes sœurs. Une horreur ! Ma mère et mon curé m'ont conduit au petit séminaire, à sept kilomètres de chez moi. Ça me paraissait si loin... Au premier contact, j'ai eu très peur de ces grands bâtiments. Nous rentrions à la maison toutes les six semaines seulement. Alors là, c'était la joie, la fête. Et le lundi matin, je repartais triste. Jusqu'au baccalauréat, je suis toujours reparti triste.

Au petit séminaire, l'ambiance était austère ? sévère ?

Sévère et austère. Il fallait marcher en rang et en silence. Le surveillant ne voulait voir qu'une tête. Mais j'ai été sauvé par la qualité de nos relations avec les prêtres. Ils étaient jeunes et sympathiques. En soutane, ils grimpaient les escaliers quatre par quatre et jouaient avec nous à saute-moutons.

N'empêche : vous souffriez là-bas...

Oui, mais j'acceptais : « Il faut que tu en passes par là pour devenir prêtre, pour faire ce que le Seigneur te demande », m'avait dit mon curé.

Un personnage essentiel dans votre itinéraire, ce curé...

Il s'appelait Marcel Beun, un curé flamand, un personnage rare, puissant, autoritaire. En me le présentant, ma mère m'avait précisé : « C'est Monsieur le curé, tu le respectes et tu lui obéis. » Il enseignait le cathéchisme et me demandait d'apprendre par cœur. J'apprenais par cœur. Je faisais tout ce qu'il me commandait. Devenu curé à mon tour, j'ai été lui rendre visite. J'avais quitté la soutane, j'étais habillé en civil. Il m'attendait, les deux poings sur les hanches, la tête dure. Il m'a apostrophé : « Pourquoi es-tu venu me voir déguisé en maquignon ? » Quand Rome a exigé que nous disions la messe en français, il était furieux. Mais il a obéi. Il tremblait en la disant, il se trompait sans cesse. Mais il a cédé aux ordres du Vatican. Je le comprenais, je l'approuvais.

Et vous approuviez l'austérité du séminaire ?

Je me suis toujours plié à la discipline et j'ai sans cesse travaillé : nous suivions des études normales, comme dans n'importe quel lycée. Chaque semaine, il y avait une heure d'instruction religieuse. Mais la discipline... terrible... Nous nous levions à 5 heures et il fallait se laver à l'eau froide. Entre 5 h 30 et 6 heures, il y avait méditation dans une salle de classe. Un professeur était là, qui nous aidait au recueillement – chacun était assis à une table. Ensuite, à 6 heures, nous assistions à la messe avant de prendre un petit déjeuner. Et puis, nous étudiions. A 20 heures, au lit. Trente à cinquante garçons par dortoir. Ça non plus, ce n'est pas un bon souvenir.

Voilà une vision bien sinistre du petit séminaire?

Incomplète, plutôt : j'ai été très heureux de prier et d'étudier; les rencontres avec les professeurs m'intéressaient. J'obéissais donc sans difficulté. J'obéis d'ailleurs volontiers à ceux qui sont qualifiés pour donner des ordres. Aussi étrange que cela puisse paraître, j'obéis à mes supérieurs.

Et cela ne vous a jamais posé problème?

Pour l'obéissance stricte, non; pour l'obéissance de la pensée, parfois. Je finissais par accepter en me disant : « Espérons que tu comprendras plus tard. » Je ne déchiffrais pas une décision, mais je gardais espoir : ça viendra, peut-être...

Vous n'étiez donc pas un révolté...

Non. Les livres sur la révolte m'ont toujours laissé un peu indifférent dans la mesure où je n'étais pas impliqué. Sinon, j'ai adoré *l'Homme révolté* de Camus, et *La Condition humaine* de Malraux fut pour moi une lecture capitale.

Cette absence de révolte n'était-elle pas liée à votre idée fixe : être curé? Vous saviez où vous vouliez aller...

Ce n'était pas une idée fixe, mais une idée charmante : devenir prêtre pour être aux côtés de Jésus, voilà tout. Ne vous y trompez pas : j'ai poursuivi d'autres chimères. A deux ans, j'exigeais de mon père qu'il m'emmène sur la Lune. En vérité, je suis l'homme d'une chrétienté ayant réussi, par je ne sais quel hasard ou quel miracle, à échapper à tous les pièges tendus sous les pas de ceux qui, comme moi, viennent à elle.

Les années de petit séminaire ont-elles renforcé votre foi?

Renforcement, non; clarification sans doute. Je n'ai pas approfondi ma foi. J'ai travaillé sur la vérité de la foi, la fidélité à l'Évangile et à ce que demande le Seigneur. J'ai renforcé mes capacités à rendre service aux autres. A partir de la troisième, on m'a fait comprendre que je devais aider, par exemple, ceux qui éprouvaient des difficultés en classe. C'était une manière de tester notre vie morale, notre honnêteté, notre bonté. Premier de la classe, mes professeurs insistaient sur mon manque d'humilité. J'ai fini par apprendre. Je n'étais pas humble. Je le suis devenu. Pendant les vacances, je ne retournais plus systématiquement chez moi, j'étais moniteur dans des colonies. Un peu curé, déjà...

Le principe du petit séminaire, c'était tout de même de « bétonner » la foi...

Cet objectif aurait été trop simpliste. D'abord, nous entrions à soixante et au moment de présenter le bac philo, en première, nous avions perdu la moitié des troupes. Elles s'étaient enfuies, ayant découvert que la prêtrise ne leur convenait pas.

A quoi donc vous préparait-on dans ce petit séminaire ?

A être prêtre, bien sûr, et dans une conception précise : croire au Christ, prier, aider les autres à vivre et à croire.

Vous n'éprouviez pas le besoin de découvrir la ville, la vie ?

Pas du tout... Ce que je trouvais dans les livres me suffisait.

Et vous n'avez jamais eu envie, durant cette période du petit séminaire, de vous échapper, de faire autre chose ?

Si. Parce que, entre onze et quinze ans, l'option pour le célibat n'est pas claire. Il est indispensable de l'approfondir, de l'affermir. Ça viendra, mais plus tard.

Qu'avez-vous eu envie de faire, plus précisément, hors du petit séminaire?

Des études.

Vous vous êtes gâché au petit séminaire? Intellectuellement gâché?

Non, parce que les cours étaient de très haut niveau. Le petit séminaire était une maison sérieuse qui obtenait de remarquables résultats au baccalauréat. Si j'ai choisi philo, c'est parce qu'il n'y avait pas de professeurs assurant la classe de mathématiques élémentaires. Je me débrouillais pourtant en sciences, j'aimais bien, mais cela relevait surtout de l'amusement. J'assimilais les maths à un jeu de l'esprit. Mais j'avais deux passions : la littérature et la philosophie.

La littérature, précisément, évoque volontiers les ambiances troubles des petits séminaires.

Montherlant, dans *La Ville dont le prince est un enfant*...

Mais était-elle si particulière, l'ambiance du petit séminaire?

Ces histoires, je les ai apprises après ma sortie. J'en garde aujourd'hui encore un immense étonnement. Bien sûr, j'avais des amis. En troisième – ou quatrième, je ne me souviens plus – un surveillant en soutane et cheveux en brosse m'a sermonné : « Vous avez une amitié particulière ! » J'ai répondu : « Oui, cela va de soi. » Sa remarque m'avait laissé interloqué, je ne savais pas de quoi il voulait m'entretenir. Après coup, j'ai su qu'il y avait eu quelques histoires, qu'un ou deux prêtres y étaient mêlés. Mon supérieur m'a dit : « Toi, tu n'as pas le péché originel. » J'ai répété cette phrase à mon père spirituel. Il a beaucoup ri : « Il ne te connaît pas. » En réalité, je ne m'apercevais de rien, j'étais frappé d'une sorte d'innocence juvénile. Le drame, c'est qu'après j'ai gardé la même innocence. Plus tard, au service militaire, j'ai été chargé un jour de remettre de l'ordre dans un... bordel... parce que, m'avait-on expliqué, une femme se plaignait que des hommes la bousculaient... En uniforme, fusil en bandoulière, j'y suis allé. J'ai demandé aux messieurs qui se trouvaient là de sortir. Ils se sont esclaffé : « Ne faites pas d'histoire, prenez un pot avec nous. » J'ai refusé en insistant : « Il faut sortir. » Ils sont partis. Les dames, dont j'ignorais tout du métier, m'ont rempli les mains et les poches de billets. C'est vous dire si j'étais innocent.

Les jeunes filles ne vous turlupinaient donc pas...

C'était, à mon sens, une tentation très secrète. Et un jeune homme du petit séminaire pouvait ne pas la ressentir tant la discipline, sur ce plan, était draconienne. Quand nous nous promenions trois par trois, un surveillant toujours avec nous, et que nous croisions les demoiselles de l'école normale catholique, nous étions sommés de ne pas regarder. Cela ne me perturbait pas. J'étais un enfant, je vivais dans l'illusion, comme le prophète Jérémie. J'ai toujours beaucoup aimé Jérémie. Il disait, tout jeune : « Je vais leur dire, je vais le dire aux prêtres, aux prophètes, au peuple. » Il le leur a dit et ça n'a pas marché. Ça a fait un martyr... Moi aussi, je voulais dire...

Il se produit un événement tragique dans votre vie, en 1941. Vous avez alors dix-huit ans et votre petite sœur meurt...

D'une insuffisance cardiaque. Elle était âgée de seize ans. Un moment d'une intense douleur et, en même temps, une paix que, depuis, je n'ai jamais plus retrouvée.

Comment cela, la paix?

Oui, j'ai éprouvé la paix de ceux qui croient presque naturellement. Je n'avais aucun doute : ma sœur était vivante. Comment? Peu importe. Je ne vois pas ma petite sœur avec des ailes. Mais elle « est ». Elle « est » avec « l'Être ». Elle est vivante avec le vivant.

Mais ce bon Dieu, s'il était si bon que cela, il aurait pu sauver votre petite sœur...

Quand vous évoquez le bon Dieu, moi j'ai l'image du Crucifié. Et ce bon Dieu, il a pris jusqu'au fond ma souffrance consécutive à cette mort. Le fond du fond, le voilà. Le fond du fond dans le Christ. Le Christ est à mon sens le fils unique de Dieu et, pourtant, personne ne peut aller plus loin dans la détresse, dans la souffrance humaine. Je ne connais aucune autre détresse identique à celle du Christ.

Mais votre sœur, votre petite sœur...

Il l'a prise, bon. Tu l'a prise, Seigneur. Aide-moi maintenant à supporter cette souffrance. Je savais qu'elle était dans la Vie pour toujours, dans la Vie de la Vie. Comme tu le sais, Seigneur, elle est vivante. Je croyais et je crois toujours qu'elle est vivante.

Vous avez reçu un signe de cette vie?

Pas le moindre, bien sûr. Mais à l'époque, ma foi était moins obscure qu'aujourd'hui, je ressentais de façon sensible la présence de ma petite sœur. Je me rends bien compte que mes propos renvoient à une foi enfantine. Je n'ai pourtant rien d'autre à vous dire...

Du petit séminaire, vous passez alors au grand séminaire. Vous n'avez pas eu la tentation de déserter, d'aller étudier cette philosophie que vous aimez tant à la Sorbonne?

Ça aurait pu... Mais ça n'est pas venu. Après le bac, j'ai suivi la filière du grand séminaire sans état d'âme particulier. Parce que le grand séminaire – cela peut paraître curieux – correspondait à une espèce de libération. D'abord, je disposais d'une « piaule », fini le dortoir. Ensuite, l'enseignement était passionnant. Enfin, je tombais du côté d'une vie de prière, ce qu'on pouvait appeler une sorte de rencontre avec Dieu. A la même période, je me suis passionné pour les écrits d'une jeune carmélite de Dijon, Élisabeth de la Trinité, morte en 1906 à vingt-six ans. J'étais enveloppé par Dieu et, en même temps, des livres de philosophie me touchaient infiniment.

Il n'y avait pas une contradiction insurmontable, radicale entre cette folie de croire et la raison philosophique...

Ce n'était pas, pour moi, la folie; plutôt la sagesse. J'étais d'autant plus serein que des laïcs partageaient mes préoccupations théoriques. A l'époque, nous lisions les *Cahiers de la quinzaine* de Péguy et je trouvais cela extraordinaire, notamment la façon dont Péguy lisait Bergson. Or, moi, j'aimais beaucoup Bergson.

L'Église l'avait pourtant mis à l'index. Vous vous détourniez de votre sens de la discipline?

Je lisais Bergson, j'avais besoin de connaître, de le connaître. Il n'y avait pas un séminariste ou un prêtre passionné de philo qui se détournait de Bergson : nous lisions tout.

Vous avez tout de même fini par déceler des contradictions entre Decourtray le croyant et Decourtray l'intello ?

Des contradictions, non ; une meilleure compréhension des textes essentiels, à coup sûr. Je me suis par exemple aperçu que nous ne pouvions plus lire les Écritures sans nous référer à un genre littéraire qui, lui, n'a rien d'historique. Les récits de l'enfance de Jésus sont, par exemple, d'un type particulier. J'ai donc dû renoncer à une présentation de la vérité vraie. J'ai fini par admettre que Jésus n'était pas monté le jour de l'Ascension comme un ballon au ciel. Jusqu'au grand séminaire, j'y croyais. Certes, ça me préoccupait un peu, à la manière du spectateur qui observe le cascadeur réussir de superbes ascensions. Il se demande, le spectateur, s'il n'y a pas quelque chose derrière, une astuce. En vous expliquant cela, je me retrouve en pleine contradiction avec moi-même car je ne crois pas en une religion purement intérieure, je crois beaucoup aux signes. Désormais, je me posais une nouvelle question : que veut dire ce texte ? Que veut-il vraiment dire ?

Revenons un instant sur les signes : la résurrection, par exemple...

Je n'ai jamais pris la résurrection comme une preuve, mais comme un signe. Jésus est vivant, il fallait bien qu'il se manifeste et il l'a fait, à sa manière. Ce n'est pas la manière qui m'intéresse, c'est la réalité.

Et cette réalité, jamais vous ne l'avez mise en doute ?

Sur le fond, jamais ! Les grands intellectuels catholiques, eux non plus, ne doutent guère. Ces moments sont rares dans l'existence de Mauriac, de Bernanos ou de Claudel. Ils doutent de la manière, jamais du fond. Claudel, qui a eu une découverte folle de la foi, devient têtu comme une mule et décrète – avec humour – « imbéciles » tous ceux qui ne croient pas. Claudel envoyait tout le monde en enfer, même sa belle-fille qui était orthodoxe et qu'il aimait beaucoup : « Ma petite fille, vous irez en enfer... » Et il riait. Je vais vous le dire de la façon la plus simple : être chrétien, c'est d'une certaine manière être homme. Dès lors, je ne vois pas comment j'aurais pu ne pas croire ou remettre par la suite ma foi en cause.

Vous venez de résumer là votre socle...

Oui. Et peu importe, dans le fond, la manière de dire la foi. Un jour, j'accompagnais l'un de mes filleuls à la messe. Il était furieux, et à juste titre : le curé était idiot, l'autel mal fichu. « Jamais plus je n'irai à la messe », m'a-t-il assené. Pour moi, ces « détails » n'avaient guère d'importance. Ce n'est tout de même pas ça qui peut m'empêcher de croire en Dieu !

Au grand séminaire, quel genre de curé vouliez-vous devenir ?

Un curé tout près de Jésus, qui puisse ensuite communiquer la bonne nouvelle et convertir les gens. Si vous m'aviez rencontré à dix-huit ans, j'aurais essayé de vous convertir, Monsieur Szafran ! Aujourd'hui, ce n'est plus le cas. J'étais persuadé qu'il me suffirait de vous parler. Depuis j'ai changé. Je me suis aperçu que ma parole ne suffisait pas. Mais ne croyez pas qu'intérieurement l'envie de vous convertir me soit passée. Éventuellement, je suis même prêt à saisir l'occasion [rire]...

« Convertir », ça voulait dire quoi pour vous ?

Ils vont comprendre ! J'ai longtemps cru que si la croyance était aussi peu développée, c'est que nous manquions de témoins. Quand j'ai découvert les types de la Jeunesse ouvrière chrétienne, la JOC mythologique, j'étais fasciné. Enfin des gens qui expliquaient pourquoi ils croyaient au Christ !

Le prosélytisme ne vous effrayait pas...

Je n'accepte pas ce mot et, pourtant, il traduit bien ce que je vivais : convaincre les hommes, les persuader que la vérité est là, que le bonheur est là, que le sens de la vie est là. Je n'avais que cela en tête, j'étais un curé batailleur. Je me répétais sans cesse : je n'ai qu'à bien le leur dire et ils vont craquer. Ils n'ont pas craqué. Je me répétais sans cesse : en leur disant bien, ils verront à coup sûr la richesse extraordinaire de la foi. Ils n'ont pas vu. Au service militaire non plus, ils n'ont pas vu.

L'échec en quelque sorte...

Et j'en suis responsable. Parce que j'étais trop intellectuel. Je faisais des discours; ils attendaient des faits, des événements qui leur permettent de s'interroger au-delà du cerveau. Ils guettaient le témoignage vivant, pas la dissertation explicative. Il m'a fallu du temps pour comprendre que les conversions proviennent bien plus d'événements vécus intérieurement que de discours, aussi intelligents soient-ils.

Vous découragez les prêtres en minimisant de la sorte la portée de vos mots...

Non, parce qu'il y a la foi. J'ai toujours été persuadé que l'on peut aisément réveiller la foi dormante, chez les jeunes en particulier. Pour cela, ils ont besoin de gens tout près d'eux, pour leur dire, leur expliquer, les accompagner dans des pèlerinages afin qu'ils découvrent le Christ agissant. Dans ce contexte, tout redevient possible. Il n'en est pas moins vrai que, depuis quelques années, j'éprouve comme une lassitude. Est-ce l'âge, le temps écoulé? Pas seulement. Il y a un élément plus profond : l'échec de mon ministère. Et cette question obsédante : pourquoi sont-ils si nombreux à ne pas croire?

L'échec est une notion très relative?

Avant de rendre une visite, je réfléchis à ce que je vais dire. Tout est au point. Et quand j'arrive, je n'ai plus envie. Or, je me conçois tel un instrument ou un outil. Désormais, il m'arrive d'interroger le Seigneur dans mes prières : combien de temps auras-tu encore besoin de moi? Je rêve d'être seul. Seul et silencieux.

En nous parlant de la sorte, vous semblez éloigné de votre foi enfantine, joyeuse et naturelle... On rencontre presque le doute dans vos propos...

C'est plus complexe que vous le dites. Je reste étranger au doute, ce mot gênant parce qu'imprécis. Quand je m'en explique avec les jeunes, je leur tiens le langage suivant : « Il y a toute une série d'événements et de drames qui m'ont ébranlé. C'est en ce sens que j'entends le doute. Mais Dieu est tellement essentiel que je ne peux me passer de lui. »

Quel rapport avec le doute, avec l'interrogation?

Vous allez comprendre. Dans l'Évangile, il peut y avoir jusqu'à trois récits d'un même événement. Pour la Passion, on en compte même quatre! Lequel est le vrai? En réalité, ça n'a guère d'importance. Ce qui m'importe, ce sont les concordances et non pas les variantes. L'essentiel, ce sont les certitudes que l'on peut tirer de l'ensemble : oui, le Christ est mort ce jour-là; oui, certaines de ses paroles ont été recueillies. Le Christ est abandonné et il s'en remet à nous. Je vois là un comble de l'amour et cet amour-là mérite le nom de divin. Il est d'un ordre particulier, il est unique, et Dieu le reconnaît en provoquant la résurrection. Les apôtres n'y croyaient plus, leur espoir avait disparu, tout était fini. Et d'un coup, Jésus est vivant, ce n'est pas un rêve. Il est vivant et le doute, à tout jamais, disparaît chez les apôtres, quoi qu'il arrive, malgré l'absence, malgré la Croix. Voilà pour moi l'événement majeur: celui qui, aux yeux des apôtres, n'était plus rien, redevient tout. Et tel Paul, ils se donnent à lui jusqu'à la mort. Le doute, dites-vous, et vous insistez. L'Église n'a jamais douté une seconde et on ne doutait pas, aux temps de mon enfance, de mon adolescence, de mes études, bref de ma formation. En ce sens, je suis et reste un homme du Moyen Âge. Le doute est une maladie, le doute sur la réalité de quelque chose qui dépasse l'homme, l'homme capable de croire à une réalité qui le dépasse et pourrait le combler.

Je répète et je maintiens qu'il y a en moi une part inaccessible au doute, une part de ma relation avec celui auquel je crois.

Une part qui touche au rationnel ou à l'irrationnel?

Je ne sais pas. En histoire, y compris en histoire des religions, vous ne pouvez pas raisonner comme dans les sciences exactes, il faut tenir compte des probabilités. Prenons un exemple : quelles ont été les paroles exactes de Jésus? Qu'a-t-il dit lui-même? Entre les quatre évangélistes qui rapportent ses mots, il y a des différences. Mais quelles paroles a-t-il lui-même prononcées? Ce débat m'intéresse, mais il n'a guère de rapport avec ma foi. Ma foi, elle, s'inscrit ailleurs, dans ce que j'appelle le Saint-Esprit : l'Esprit de Dieu habite les apôtres, eux qui ont parlé de Jésus. « Allez leur dire. » Ils sont partis et ils ont dit. Comme ils ont pu...

Tout cela prouve l'existence de Jésus. Pas celle de Dieu...

L'existence de Jésus est aussi certaine que celle de Napoléon. Celui qui la met en doute est un imbécile. Qu'il agisse comme moi : j'ai refait à pied les trajets de Jésus, une géographie biblique à la main.

Pour autant, Jésus prouve-t-il Dieu ?

Oui, à partir de ce que Jésus a fait et dit dans le contexte historique. Bien sûr, je ne dispose d'aucune preuve absolue, mais je constate : celui-là, cet homme-là est vivant depuis toujours et il vivra toujours. Je ne sais comment vous le faire admettre : Jésus appartient à cette catégorie que nous appelons Dieu. Il a dit : « Ceci est mon corps, ceci est mon sang. »

Tous les matins, au moment de la consécration, je répète ces formules parce qu'il m'a demandé de les dire, parce qu'il est présent.

Quelle présence ?

Une présence réelle. Il me dit : « Prenez, mangez, ceci est mon corps. » Je le mange et crois que je deviens un peu lui. Il me dit : « Prenez, buvez, ceci est mon sang, livré pour vous et pour la multitude en rémission des péchés. » Je le bois. Ce n'est pas du sang, bien sûr. Mais il est là, réellement. Voilà, à nouveau, le fond du fond.

A vous entendre, il y aurait d'un côté le monde du rationnel et, d'un autre, Dieu et l'irrationnel...

Pas irrationnel, supra-rationnel. Dans ma pensée, dans mon rapport avec le Dieu de la révélation, il me confie le monde. Nous avons reçu de Dieu la raison et la liberté pour construire un monde, marqué d'un bout à l'autre par l'amour. Dès l'instant où il nous a confié le monde, nous sommes capables de tout. Du meilleur. Et du pire. Du pire, surtout, souvent...

En 1945, vous terminez donc – et de manière fort brillante – vos études au grand séminaire de Lille...

C'est vrai, j'étais parmi les premiers et souvent même le premier. Mes parents n'ont pas été à l'école et j'étais tête de classe. Sans jamais beaucoup me fatiguer. Sans jamais veiller tard la nuit pour rendre un devoir. Que vouliez-vous que j'y fasse? C'était ainsi et c'était injuste...

Pourtant, à la sortie du grand séminaire, vous hésitez à devenir curé. Sur quoi portait ce trouble?

Suis-je fait pour être prêtre? Suis-je appelé? Suis-je capable d'assumer? Supporterai-je affectivement? Telles étaient les interrogations majeures. Rien de plus précis et, j'anticipe votre question, aucune jeune fille à l'horizon. Trente-six, peut-être... mais pas une... Et elles tournaient dans ma tête, les questions : est-ce que je ne réussirai pas davantage ma vie – et pour moi-même et pour les autres – en prenant un autre chemin, universitaire notamment? Ne me suis-je pas fourvoyé, moi qui, si jeune, avais « choisi » cette voie? Avais-je vraiment décidé moi-même? J'ai averti alors mon père spirituel que je m'interrogeais sur l'appel. La vie des prêtres ne semblait pas correspondre à ce que j'étais. Je me suis dit que j'allais profiter des grandes vacances pour changer d'orientation.

Un changement de vie : l'expression est faible. Une révolution, en réalité. Vous vouliez partir...

Sur les bancs de l'université, passer une licence de philosophie, puis enseigner...

Vous ne remettiez toujours pas votre foi en cause ?

Non, la foi jamais. Me suis-je trompé en croyant le Christ ? Jamais cette interpellation ne m'est venue à l'esprit. Que c'est plus obscur que je l'imaginais, enfant, qu'il y a des difficultés dans l'interprétation, j'en étais conscient. Mais cela ne m'a pas troublé bien longtemps.

Vous redoutiez le mode de vie ?

Tout à fait. Le mode de vie prôné par l'Église ne correspondait peut-être pas à ce que je voulais et pouvais faire. Dans l'Église, à cette époque de l'immédiat après-guerre, il y avait des aspects rebutants, à la limite de l'horripilant. Par exemple les « missions paroissiales », des textes que nous devions lire dans les églises des quartiers populaires, à Tourcoing notamment. J'avais une étrange impression de débilité. Le contenu était bêta, tout simplement bêta.

Si l'on vous comprend bien, vous n'aviez guère l'esprit missionnaire...

Je suis un petit villageois, je n'ai rien d'un personnage de roman, ni d'un courageux. Un petit villageois n'a pas une âme d'aventurier. J'aurais aimé aller au Maroc parce que mon père me parlait de ce pays. Il y était passé durant la guerre de 14-18. Les États-Unis, c'était le bout du monde, c'était impossible...

Évangéliser l'Afrique...

J'avais trop peur... Et pas envie d'être mangé [rires]. En fait, je vouais une admiration profonde aux missionnaires héroïques. Il y avait un hiatus : je n'étais pas héroïque. Si j'avais été un héros, c'eût été la conséquence d'un accident... L'esprit missionnaire, je l'avais, mais pas au sens traditionnel : partir loin, là où l'on ignorait le Christ. Je voulais partir en mission... chez moi... Sans doute était-ce un peu prétentieux...

Vous ne faisiez pas du célibat un problème majeur?

Non. J'y réfléchissais, c'est évident. Mais ce n'était pas crucial. Je fréquentais bien quelques jeunes filles de mon village et j'imaginais que certaines pouvaient être amoureuses de moi... Un pincement au cœur, quelquefois, quand j'apprenais un mariage. C'était tout.

Alors comment définissiez-vous votre ambition ?

Faire de ma vie quelque chose qui vaille la peine, un moment marqué par l'intelligence et l'amour. L'amour des autres. C'était cela le point majeur. Je ne pouvais pas me donner à une vie stupide.

Revenons un instant sur cette impression que la vie de prêtre ne vous convenait peut-être pas...

Cela n'a pas duré très longtemps...

Une vie trop vide, trop étriquée, pas à votre dimension...

Le terme « étroit » correspond peut-être mieux à ce que j'éprouvais. Étroit pour ce qui était du travail. Étroitesse du cœur aussi. J'ai précisé « peut-être » parce que tout cela est si loin et que je ne m'interroge quasiment jamais sur moi-même. Vous m'y contraignez, sinon...

Vos parents ne sont pas intervenus à cet instant ?

Jamais. Mon grand-père me laissait faire ce que je voulais, tout en étant persuadé qu'être prêtre, c'était complètement absurde. Mon père s'en fichait dès l'instant où ça marchait pour son fils. Mes succès scolaires le ravissaient. Le jour où j'ai été nommé évêque, il a interrogé ma mère : « Je me demande, Marie-Louise, ce que nous avons fait pour qu'il soit aussi intelligent. » Elle s'est moquée de lui : « Ce n'est pas ta faute », et il a – presque – pris la mouche : « J'y suis tout de même pour quelque chose. » C'était ça le ton, chez moi. Je les estimais beaucoup, mes parents, je les aimais beaucoup.

Votre décision arrive donc au terme d'une longue et lente maturation intellectuelle ; rien – ou pas grand-chose – de spontané...

Ce n'est pas intellectuel, car il y a une notion capitale ancrée au plus profond de moi-même et que j'ai négligée dans toutes ces explications : la prière. Quand je dis prière, ce n'est pas un départ, seul, sur une montagne ou ailleurs. Quand je dis prière, il y a, dans ma conscience, ce que le Christ appelle « l'habitation ». « Je viendrai habiter en vous... » Et j'ai conscience de vivre avec quelqu'un... Je le ressens, vraiment. Ça ne se voit pas, ce n'est ni spectaculaire, ni intellectuel. Vous me questionnez, je suis donc contraint de raisonner. Mais cette intelligence est fondée sur ce que je vis, intérieurement, dans les profondeurs de moi-même. Ce n'est pas facile à exprimer, sauf avec des mots simples : notre « ami », comme le disait Thérèse d'Avila.

Le 29 juin 1947, vous êtes donc ordonné prêtre. Les hésitations...

Plus d'hésitation. Une fois l'engagement pris, c'était terminé. J'ai d'ailleurs été surpris fort longtemps que l'on puisse se désengager. Je suis moins surpris maintenant.

Quelle sorte de curé aviez-vous envie d'être?

Prêtre-professeur. Le diocèse de Lille en comptait trois cents! Je voulais être l'un d'eux, rien de plus. Enseigner la philo, un régal...

Aucune attirance pour le terrain, vous n'étiez pas un curé batailleur...

Si, j'étais les deux à la fois, attiré par l'enseignement, attiré par le terrain. Ça se mélangeait. J'avais d'ailleurs prévenu ceux qui m'orientaient : « J'aimerais être curé dans une paroisse populaire. » Je préfère cet adjectif – « populaire » – à l'autre – « batailleur »...

Si vous aviez pu choisir vous-même...

J'aurais sans doute privilégié les études. Mais je n'en suis pas complètement sûr.

Cette réponse est capitale parce qu'elle permet de s'interroger légitimement sur votre priorité de l'époque : travailler auprès des chrétiens ou approfondir votre foi et vos connaissances...

Ce n'est pas contradictoire, pas noir et blanc. Si la majeure partie de ma vie avait été jusque-là consacrée aux études, j'ai également participé à la vie apostolique. Quand mes supérieurs ont décidé que je commencerais ma vie de prêtre en préparant une licence de théologie et une autre de philosophie, j'étais chaque samedi et dimanche en paroisse à Lille, de 1947 à 1948. Ensuite, je suis parti à Rome, jusqu'en 1951, étudier la théologie et les sciences bibliques. Mais j'étais en même temps chargé des Français de l'église Saint-Louis. En fait, j'exerçais auprès d'eux un métier de curé. Je les confessais, je faisais des prédications. Il ne faut pas tout couper au couteau, même s'il est vrai que je souhaitais ardemment une activité intellectuelle.

Curé de base, ce n'était vraiment pas votre truc...

Mais vous vous trompez. Je vouais une admiration éperdue aux prêtres « donnés », vraiment « donnés ». Ils ne s'appartenaient plus et j'en connaissais quelques-uns, pas beaucoup, deux ou trois. Les paroissiens pouvaient leur demander n'importe quoi, ils avaient le temps, toujours. Ils donnaient. Parlaient. S'engageaient. Et en même temps, ils priaient, ils étaient heureux, profondément heureux.

Vous auriez donc pu atterrir dans une petite paroisse en 1947, à vingt-cinq ans...

Je l'avais demandé, attiré par un ministère auprès des pauvres, auprès du monde ouvrier. Je voulais être proche du prolétariat – que je ne connaissais d'ailleurs pas bien –, l'aider, l'aider à trouver une espérance de vie, l'aider à vivre. Ça me paraissait fascinant.

Étrange tout de même que vous, l'élève si parfait, si discipliné, tellement dans la ligne, vous ayez de telles préoccupations...

Oh, vous savez, je suis allé sans même m'en apercevoir vers la frange ouverte de l'Église. Je rends grâce à Dieu d'être tombé dans ce camp-là, grâce au cardinal Liénart en grande partie. Il avait soutenu les grandes grèves précédant le Front populaire. Quand Roger Salengro, le maire socialiste de Lille, s'était suicidé en 1936, après avoir été diffamé par des feuilles catholiques d'extrême droite, le cardinal avait défendu haut et fort sa mémoire. Liénart soutenait tous les mouvements un peu neufs de l'époque. Ça me plaisait mais je ne savais pas qu'il adoptait là une attitude originale. Je respirais cela comme l'air du temps. L'œcuménisme, pour moi, allait de soi. Ça allait sans dire qu'il fallait être frères avec les orthodoxes, et avec tous les autres. Le cardinal Liénart – un grand bourgeois, notez-le au passage – était un homme d'ouverture et j'ai vécu dans cette ouverture politique et spirituelle. Je l'ai respirée. J'ai longtemps ignoré que des groupes de catholiques intégristes sévissaient à Lille.

Vous vous êtes donc senti libre dans la manière de croire?

Je suivais librement un chemin tracé d'avance. Je comprends que cela puisse paraître paradoxal. En réalité, ce chemin n'était qu'une image, il n'était pas aussi tracé que je l'affirme. C'était d'ailleurs un courant, parmi d'autres. Il m'a fallu bien des années pour m'en convaincre et voilà pourquoi je m'efforce désormais de comprendre le sens des courants intégristes.

Vous êtes ordonné prêtre, vous réclamez une paroisse populaire et vous vous retrouvez...

Sur les bancs des facultés catholiques de Lille. Mon supérieur a été catégorique : « Nous souhaitons, le Conseil, l'évêque, que tu fasses des études. » Très bien. Je ne demandais pas mieux. J'aimais les études, j'avais vingt-cinq ans et on me proposait d'en faire. Je n'allais tout de même pas refuser!

Pardonnez-nous d'insister une nouvelle fois : c'est contradictoire avec le côté « soldat » du Christ allant évangéliser les masses populaires...

Mais non, pourquoi?

Comme si vous étiez coupé en deux, l'intellectuel et le combattant...

Il y a peut-être une contradiction, vous avez raison. Si je veux tout à fait être honnête, je dois avouer qu'à l'époque, mon désir de connaître est plus fort que mon désir d'évangéliser. J'ai accepté la proposition de mes supérieurs avec joie, avec bonheur. Cela a duré quatre années, une à Lille, trois à Rome. Ils avaient l'idée qu'ensuite, je ferais un bon professeur au grand séminaire.

Exerce-t-il le même « métier » que vous, le curé de campagne qui n'a pas lu Thérèse d'Avila et qui se moque de la philosophie ?

Il est souvent meilleur que moi. Parce qu'il n'est pas encombré par un tas d'idées, de méthodes... Enfin, meilleur, je n'en sais rien après tout ! Le curé de campagne que j'ai connu, le mien, le fameux Flamand, il disait sa messe, il était concentré dans son latin, et tous les matins. Peu à peu, en grandissant, je me suis aperçu, à ma stupéfaction, que ces prêtres avaient eux aussi des limites. Ils se mettaient en colère quand ils prêchaient, ils attrapaient les gens, ils se disputaient entre eux. Ces dérives m'étonnaient car, jusque-là, j'avais développé une vision idéale, idéaliste des curés. Des saints humains ! Des personnages équilibrés, jamais en colère ! La première fois que j'ai vu deux prêtres s'écharper, j'ai été surpris, amusé aussi...

Vous avez connu des prêtres menteurs, voleurs...

J'ai connu un voleur, un kleptomane. C'était gênant, il piquait sur la Grande Place à Lille. De braves gens ont fini par s'en ouvrir à la hiérarchie. Nous l'avons alors « aidé » à soigner sa maladie puis il a été muté. Peu à peu, j'ai découvert que l'ensemble des prêtres étaient aussi limités au plan du caractère que les autres humains. Je ne suis pas plus malin qu'un autre; je n'ai pas meilleur caractère qu'un autre. Mais je crois...

Vous pouvez donc être aussi menteur, aussi voleur qu'un autre...

En me référant à ce que j'ai appris dans les Écritures, j'ai tout fait pour observer les commandements de Dieu et de l'Église. Alors, je n'ai pas volé, je n'ai pas menti...

Vous êtes bien sûr de vous...

Je corrige : je crois n'avoir ni volé ni menti. Je me suis aperçu en grandissant, en vieillissant, que les formes du mensonge ou du vol peuvent être subtiles. Bien sûr, je n'ai jamais volé au sens classique de l'expression : « Je n'ai rien pris. » Mais ne me suis-je pas associé à des entreprises de vol? Les grands prophètes disaient : « Mais vous êtes des voleurs! » Moi, un voleur! Mais, monsieur, je n'ai rien pris! Mauvaise réponse, au moins incomplète : d'où vient cet argent? De ceux qui ont travaillé pour vous, qui ont trimé en votre faveur? Vous l'avez volé au tiers monde? Ne sommes-nous pas tous les exploiteurs de l'Afrique et de l'Amérique latine? Je n'en sais rien, mais cela mérite au moins réflexion.

L'archevêque de Lyon, primat des Gaules Decourtray, reçu à la table des grands bourgeois et des puissants de la ville, leur pose-t-il ces questions?

J'essaie, en des termes qui puissent être acceptables. Je leur demande par exemple s'il ne serait pas grand temps que nous décidions, en toute sérénité, une stagnation, voire une diminution, de notre niveau de vie pour venir en aide aux plus démunis. Alors, la réponse fuse, toujours la même : « Pour aider, il faut stimuler et la stimulation, elle, exige l'appât du gain. D'ailleurs, la croissance du niveau de vie, même les curés en profitent, monsieur le cardinal. » Que répliquer? C'est bête, imparable et vrai : avant la guerre, je circulais à vélo et je me disais que, toute mon existence, je ne disposerais que d'un vélo pour me déplacer. Aujourd'hui, tous les curés ont une voiture...

Et vous, un chauffeur...

Oui, et il est en même temps maître de maison. J'ai deux personnes à mon service...

Et vous vivez dans une grande maison au-dessus de la ville...

Une très grande maison. Elle n'est pas à moi et ça me console [rires]. Si je vous réponds que je vis avec le SMIC, je dis vrai et je mens. C'est vrai, mon salaire est équivalent au SMIC. Mais je mens! Pour travailler, réfléchir, parler, plaisanter et rire avec vous, Mme Verny m'a envoyé un chèque, j'ai signé un papier, un contrat. Ça n'a plus rien à voir avec le SMIC.

A vous entendre, nous vivons dans un monde de menteurs et de voleurs...

Oui, un monde de menteurs, de voleurs, un monde superficiel, luxurieux... Et surtout idolâtre! Dans ma jeunesse, il fallait compter avec sainte Brigitte Bardot! Vous prononcez le nom d'une idole et ça y est, ils entrent en transe. J'ai vu des jeunes devant Johnny Halliday: en transe! Devant les Beatles : en transe! Ils étaient prêts à tout, ils offraient tout. Le fléau de l'idolâtrie. Il est temps de dénoncer le mensonge, l'homicide, et... l'idolâtrie à qui l'on est prêt à sacrifier l'essentiel.

Et si l'un de ces jeunes à idoles vous assenait que votre Christ, c'est aussi une idole...

Absurde! Je n'ai rien sacrifié d'essentiel, une vie de famille, mon travail ou la liberté. Au contraire :

le Christ me rend libre. Souvenez-vous de la grande parole de l'apôtre Paul : « Il vous libère. » J'ai vécu ma rencontre avec le Christ comme une formidable libération. Libération de moi-même enchaîné par des instincts ; libération progressive – ce n'est jamais fini ; libération vis-à-vis des jugements des autres – ce qu'ils en pensent, tant pis, ne nous inquiétons pas de la gloire humaine. Le Christ m'aide à être libre et maître de moi-même. C'est précisément le contraire de l'idolâtrie.

Inquiétante, cette volonté d'être « arraché » aux instincts...

Je veux dire être maître des instincts, les conduire, ne pas me laisser aller à l'instinct qui me pousse à voler, à tuer, à posséder coûte que coûte...

Mais il y a des non-croyants que leurs instincts ne poussent ni à voler, ni...

Bien entendu, Dieu soit loué.

Non-croyant, vous auriez sans doute été le même, pas voleur, pas menteur...

J'ai beaucoup de mal à vous répondre, je n'en sais rien. Mon maître d'école était athée et, dans un langage purement rationnel, il tenait le discours de la morale, l'idolâtrie l'aurait révulsé...

Un an d'études à Lille. Quel sujet de thèse avez-vous choisi?

Foi et raison chez Malebranche...

Malebranche...

Je ne connaissais rien des idées de ce philosophe, théologien du début du XVIIIe siècle. Prêtre, il vouait une véritable passion à Descartes et cherchait, avant de rompre, à développer le cartésianisme dans une dynamique religieuse. Mais, en même temps que la philosophie, j'étudiais la théologie – la philosophie de Malebranche était inscrite aux deux programmes. Je faisais ainsi le lien d'une matière à l'autre. Alors je me suis mis à le lire d'un bout à l'autre, le type même de l'exercice scolaire un peu ridicule.

Et il en est sorti...

Une petite thèse, deux cents pages environ. En réalité, je voulais la liquider le plus vite possible pour être tranquille, de telle sorte que je puisse passer du temps dans les églises. J'ai rédigé mon pensum en une année au lieu de deux...

Et, enchaînement miraculeux, vos supérieurs vous ont demandé de partir à Rome, de transformer cette thèse en un doctorat au lieu de vous consacrer à un travail de terrain. Et vous voudriez nous faire croire que vous n'êtes pas un intellectuel pur sucre...

Mais non! Je ne sais pas comment vous l'expliquer une fois pour toutes : je suis un intellectuel dans le sens où j'ai écrit des textes, suivi des cours, passé des diplômes. Croyez-moi pourtant : je n'ai rien renié de ma foi d'enfant. Un intellectuel et un enfant : voilà peut-être ce que je suis. Le passage de l'un à l'autre, c'est sans doute ce qui me définit le mieux.

Docteur en philosophie, vos supérieurs vous demandent cette fois de plonger dans les sciences bibliques...

J'avais du retard, beaucoup de retard. Mais je raffolais de la matière. Alors, en 1950, j'ai travaillé comme un forcené.

L'obstacle des langues ne vous semblait pas insurmontable?

Je faisais du grec depuis le petit séminaire, depuis la 5e. J'ai été très vite dispensé d'examen... J'avais un peu appris l'hébreu. Je m'y suis mis, courageusement. Je n'entendais pas un mot de syriaque : je m'y suis mis aussi, avec effort. Pour le reste... les cours étaient donnés en latin, j'ai passé mes examens de première année et je les ai réussis. En deuxième année, il fallait rédiger un court mémoire, une douzaine de pages, et j'ai écrit une réflexion autour d'« Eros et Agapé ». « Agapé », c'est l'amour. Mon professeur l'a lue avec tant d'enthousiasme qu'il l'a aussitôt envoyée, sans même m'avertir, à la *Nouvelle Revue théologique*. Quand j'y ai découvert mon article, j'étais si fier... Il y avait dans tout cela un côté juvénile, ludique. Je ne cesse de vous le répéter : je suis resté un enfant très longtemps.

A Rome, vous semblez éperdument heureux...

Mon désir de connaître le monde est né à Rome, l'envie de bouger, de découvrir, de ne plus être inhibé par les distances, de ne plus craindre les voyages interminables. Mais pendant un an au moins, j'ai été choqué par Rome. Choqué. Je trouvais une telle différence entre l'Église, mon Église, celle que je connaissais, que j'aimais, à Lille, et l'Église de Rome. Les cérémonies n'en finissaient pas, j'exécrais tout ce cérémonial insupportable. Dans la ville, les gens hurlaient, buvaient de la bière... Tout cela était d'une pesanteur... Mais j'ai fini par découvrir des choses importantes.

Importantes au plan théorique...

Non. J'ai d'abord découvert la foule. Une foule énorme. L'idée de la religion populaire a alors fait son chemin en moi. J'ai ensuite rencontré les Français de l'église Saint-Louis. Ils venaient me parler, se confier à moi, raconter leur vie. Enfin, j'ai eu la chance de découvrir un maître, un professeur agrégé d'histoire, Jean Maury. Il était exilé à Rome, craignant encore de rentrer en France en raison d'un passé ultra-pétainiste. Il enseignait le grégorien à l'université jésuite, ainsi qu'à l'institut biblique, mes deux « maisons ». Chaque jeudi après-midi, il organisait des visites commentées de Rome. J'y suis allé pendant trois ans et j'ai fini par découvrir la splendeur romaine, par découvrir ce que l'Église avait réussi, ici, depuis des siècles. Pierre était arrivé vers l'an 70. L'influence chrétienne sur Rome, tant de traces, des monuments extraordinaires, somptueux, des monuments des IVe, Ve, VIe siècles... Moi qui avais Lille pour horizon, Lille qui existait à peine avant Louis XIV, et me voilà, petit provincial fier de ma province, plongé dans cet univers : l'Histoire, la foule, la découverte des étrangers, des Sud-Américains, des Nord-Américains, quelques Coréens. Et un ami chinois. Depuis, il m'écrit une fois par mois et j'ai même corrigé sa thèse. J'y ai relevé quelques petites fautes de français...

Vous découvrez alors l'universalité de l'Église...

Mais oui! Où voit-on jusqu'aujourd'hui pareil miracle, mon Dieu, tant d'universalité, tant d'Histoire? Le Christ leur a dit : « Je serai avec vous », et ils ont fait ça, Rome! J'étais submergé et renforcé. A la question : « Sur quoi appuyez-vous votre foi ? » je pouvais désormais rétorquer : « Allez donc passer trois ans à Rome. » J'aurais pu ajouter : « Et six mois à Jérusalem. » Mais cela, je ne le savais pas encore.

A Rome, vous rejetez la pompe ecclésiastique...

J'y suis étranger. Une fois pourtant, j'ai participé à une béatification. Le Vatican demandait des volontaires. Je voulais voir ça de près, au moins une fois. J'ai traversé toute la basilique Saint-Pierre en portant une cage dorée qui renfermait deux oiseaux. La cérémonie a duré trois heures. Je n'étais pas bouleversé, ce n'était pas très intéressant.

En quittant Rome, en 1951, vous êtes-vous fait le serment du jeune provincial sur le point de réussir : mon avenir passe par Rome, j'y reviendrai...

En quittant Rome, je me suis au contraire promis de ne plus y revenir. Et je n'y suis pas retourné avant d'être nommé évêque, vingt ans plus tard.

Après vos études romaines, vous devenez un bon spécialiste de la théologie. Question naïve : c'est quoi, la théologie ?

C'est comprendre ce que l'on croit. Je crois tout ce que je vous ai dit. Le *Credo* ; je crois en un seul

Dieu et je crois au Verbe incarné. Avec la théologie, je tente d'en rendre compte en termes de raison. Je peux définir la théologie en termes négatifs : montrer que ma croyance n'est pas idiote ; je peux aussi essayer en termes positifs : montrer qu'elle est pleine de sens. Qu'un Dieu soit Trinité, voilà qui a du sens.

Dites-nous-en plus sur ce « sens »...

Ah, il me faudrait beaucoup de temps...

Ne renoncez pas aussi vite...

Dieu est trois. Un, évidemment, cela va sans dire. Mais il s'est dévoilé, il était vivant. Le mot « vie » peut caractériser ce Dieu. Il vit. Et cette vie peut s'exprimer en trois termes : il donne la vie, il fonde tout, il engendre tout. Il a un reflet vivant, exactement son égal, le même que lui. Pas un autre et un autre quand même. Et les deux ne font qu'UN. C'est passionnant tout cela, mais il faudrait cinq cents pages pour vous l'expliquer. Ça et tant d'autres choses, « le Verbe s'est fait chair », par exemple. En se replaçant dans l'Histoire, on finit par comprendre cette expression étrange. Les prophètes ont découvert que c'est Lui qui devait venir, qu'ils seraient, eux, très proches de Dieu puisqu'il était Dieu, son Fils venu sur les nuées du ciel. A cet instant, ma raison craque. Mais ce n'est pas parce qu'elle craque que ma raison ne peut pas découvrir, de l'intérieur, que tout ceci est intelligent, supérieurement intelligent.

La théologie est une science morte avec ses gardiens du Temple ou une science en évolution?

Est-ce que je ressemble à un gardien? [rires...] L'évolution est permanente, depuis les débuts, depuis les premiers théologiens. La théologie a suivi un long cheminement, progressif et difficile. Il a fallu écrire et lire des centaines de volumes pour commencer à mieux comprendre ce que « ça » voulait dire. Ce n'est d'ailleurs pas fini, nous ne cessons de comprendre.

Mais il y a de tels écarts entre les théologiens sur un même sujet...

C'est formidable : trois théologiens, trois chrétiens, tous doués et exprimant de façon différente une même vérité. J'insiste : une même vérité! L'Église nous recommande de lire, si nous voulons connaître sur le bout des doigts les tenants et les aboutissants de la foi, les docteurs de l'Église. D'accord, mais, sur la plupart des sujets, Thérèse d'Avila, la seule femme avec Catherine de Sienne à être docteur de l'Église, contredit Jean de la Croix...

Comment l'expliquer à des mécréants de notre espèce?

Vous me mettez en difficulté, car le sujet est difficile. La plupart du temps, pour contourner l'obstacle, nous restons terre à terre, avec l'arrière-pensée qu'un jour, peut-être, vous « découvrirez », vous « comprendrez ». Il faut aborder la théologie par paliers. On peut me dire, c'est le premier palier : « J'ai découvert le Christ, il est formidable. » Ma réponse : « Encore plus formidable que vous l'imaginez. Jamais personne n'a parlé comme lui et personne n'a jamais entendu de telles paroles. » On peut me dire, autre étape : « Jamais personne n'a parlé comme lui. » Celui qui avance de la sorte n'est plus guère éloigné du Verbe, le Verbe de Dieu, la Parole de Dieu faite chair. Ma réplique? « Étudier plus précisément ce qu'il a dit, creuser. » Parce que les Écritures, on peut les scruter indéfiniment. Avec les juifs et les musulmans, nous pouvons nous entendre sur ce point : les Saintes Écritures portent une vérité que nous n'avons jamais fini de découvrir. Une vérité qui impose, aussi, le silence. Le silence du mystère. J'ai envie de vous dire : « Je ne sais rien », et pourtant dans ce « rien », comme dirait Raymond Devos, il y a tout.

Vous ne savez « rien » ou vous n'avez plus envie de discuter, de partager?

Le dialogue, j'en conviens, est devenu difficile. La plupart du temps, les questions qui me sont posées, pour ce qui est de la foi, sont à côté. Je n'ai plus la force de m'expliquer.

« A côté », soyez plus précis...

A côté du sens du mystère que je viens d'évoquer. Pourquoi dans les Évangiles selon Luc y a-t-il tel passage et pourquoi selon Matthieu, tel mot? Nous cherchons, à tout prix, des explications, mais cela ne présente guère d'intérêt à mes yeux. S'il faut faire un choix, recherchons-le par le biais de l'expérience humaine poussée jusqu'au bout. Il faut mêler les exigences intellectuelles à un cœur ouvert. Sinon...

La théologie, c'est une recherche réelle ou bien une parole officielle, un contrôle, une façon presque répressive de maintenir l'unité de l'Église?

L'Église veille aux travaux des théologiens. De temps en temps, elle lance un avertissement : là, ce que vous avez découvert et énoncé n'est plus tout à fait conforme à la foi telle que nous sommes chargés de la faire connaître, de la vérifier. Somme toute, c'est rare.

Et le théologien ainsi mis en cause est placé en dehors de l'Église?

Non, non...

S'il persévère?

C'est lui qui prend alors une certaine distance. Personne n'est en dehors de l'Église tant qu'il ne le veut pas. Vous ne me direz pas, par exemple, qu'Eugen Drewermann [1] se situe à l'extérieur de l'Église. Il ne le veut pas, il est donc dedans. Pourtant nombre de ses écrits me paraissent aller contre la tradition de l'Église.

Par exemple?

Quand Drewermann évoque Jésus, il ignore le Verbe incarné dont je vous ai tant parlé. A le lire, Jésus est un type certes formidable, mais qu'il soit le fils unique de Dieu, à première vue, ça ne l'intéresse pas. Drewermann est d'origine chrétienne, vit pauvrement et veut rester dans l'Église. Qu'il y reste. Je n'en comprends pas moins l'évêque qui lui demande de ne plus enseigner la foi; il s'en est tellement éloigné! Je peux me tromper, mais... il y a un moment où l'acte de foi réclame une rupture avec l'acte de raison; il y a un moment où il faut s'en remettre à Dieu.

L'exercice semble quasi impossible pour un intellectuel, serait-il catholique et théologien...

D'où le nombre – relativement – élevé de théologiens ayant « lâché » l'Église. J'en ai même

1. Théologien et psychothérapeute, cinquante-quatre ans, enseigne l'anthropologie religieuse en Allemagne. Sur décision de l'Église, Drewermann a été privé de chaire en 1991 et interdit de prédication en 1992.

vénéré certains parmi eux. Pourtant j'affirme que la manière de vivre selon les impératifs évangéliques est claire. Elle apporte une lumière. Une lumière obscure...

Vous approuvez les actes d'autorité de l'Église, ils vous semblent indispensables...

Tout dépend comment l'autorité se manifeste. L'Église a parfois été excessive, elle a dû se repentir. A Lyon, le père de Lubac avait été privé du droit d'enseigner. L'Église suspectait deux de ses livres de ne pas être conformes à la véritable foi. Quelques années plus tard, le pape le nommait cardinal.

L'Église est-elle désormais à l'abri de ces excès d'autoritarisme ?

Je suis heureux d'être en mesure de vous annoncer que l'Inquisition n'existe plus [rires]. Sérieusement, je comprends que vous puissiez être dubitatifs en apprenant que tel théologien a été « sommé » de s'expliquer. Autrefois, cette sommation signifiait une rupture quasi inéluctable ; aujourd'hui, l'évêque le « prie » de bien vouloir « expliquer » ce qu'il ne « comprend pas ». On discute et cela débouche la plupart du temps sur un accord. Sinon, le théologien convoque une conférence de presse pour expliquer que ceux qui l'ont interrogé manquent d'intelligence et de bon sens.

Il n'est pas excommunié pour autant. Mais ne reprochez pas à l'évêque de faire son travail. J'ai eu, moi aussi, quelques désaccords avec Rome. Ils m'ont appelé, j'y suis allé, nous avons discuté, trois heures. Mes interlocuteurs du Vatican avaient du mal à comprendre certains aspects de ma pensée; j'ai expliqué. Ils ne sont pas méchants, vous savez...

Lors de votre passage à Rome, de 1949 à 1951, « ils » étaient beaucoup plus « méchants », n'est-ce pas?

C'était une période dure. Le Saint-Office (l'actuel Conseil pour la doctrine de la foi) était d'une rare exigence. Puis, le concile de Vatican II a transformé le climat.

Vous avez vous-même siégé au Conseil pour la doctrine de la foi présidé par le cardinal Ratzinger, un proche parmi les proches de Jean-Paul II...

J'en ai fait partie, j'y allais une fois l'an, c'était agréable, le cardinal Ratzinger est sympathique et intelligent. Je rencontrais des personnes étonnantes, très intéressantes...

Mais, finalement, est-ce que vous ne regrettez pas l'atonie actuelle du débat théologique, le manque de recherche et de polémique?

Bonne remarque. Il n'y a plus de grands théologiens jouissant d'une autorité incontestable depuis les disparitions du père de Lubac, du père Chenu ou du père Congard. Les théologiens, aujourd'hui, ne pensent plus qu'à eux-mêmes, ils se sont intégrés au *star system,* ne prennent-ils pas part à cette dérive idolâtre que je dénonce? L'atonie du débat théologique? Ce n'est pas que nous manquons de bons esprits, mais les oreilles se sont bouchées. Et, plus grave peut-être, il n'y a plus de grands témoins reconnus et autorisés, un Mauriac, un Péguy, un Maritain, c'est cela qui m'ennuie le plus. Leur parole était formidable : Péguy et la foi, Bernanos et son sens inné de la polémique, Claudel et sa passion, Claudel si démodé aujourd'hui. Sommes-nous encore en mesure de les entendre, ces génies qu'on ne rencontre pas tous les jours...

Le philosophe Alain Finkielkraut a récemment consacré un beau livre à Péguy...

Je l'ai lu avec bonheur. Mais pourquoi n'a-t-il pas consacré une ligne à la foi de Péguy? Or, Péguy, c'est avant tout la foi, il serait ridicule de le nier...

Vous reprochez aux intellectuels croyants – ce qui n'est pas le cas de Finkielkraut, précisons-le – de ne pas suffisamment l'afficher...

Ça dépend. L'écrivain Didier Decoin, un ex-prix Goncourt, est devenu un croyant profond après une conversion surprenante. Les croyants qui sont en plein dans la société d'aujourd'hui, de par leur culture et leur style, devraient être capables de vivre leur foi sans trop de contradictions. Qu'ils ne soient pas frileux, mais qu'ils ne soient pas non plus maladroits. Jean Guitton n'est pas un chrétien frileux... Robert Hossein tenait à me rencontrer, il m'a dit sa foi, raconté son baptême. Je n'ai pas tardé à découvrir son origine russe tant il pleurait. Nous partageons certes la même foi, mais je lui conseillerais de faire un peu de théologie. Quand on voit ses films, ceux d'hier et d'aujourd'hui, on constate que sa foi n'influe en rien sur son travail. Ça, j'ai du mal à l'admettre. Son discours, à la limite de l'évangélisation, est en décalage avec la réalité, avec ses comportements – je n'aime pas. Tel professeur croit profondément ; il ne dit rien. Tel académicien écrit et croit aussi profondément ; il ne dit rien. Leur foi relève peu à peu du domaine privé. C'est regrettable : j'aimerais qu'ils l'expriment. J'aimerais qu'ils disent à leur tour.

Quel tableau! Une population sourde à vos appels et des intellectuels aphasiques ou muets...

Sans doute souffrent-ils, les intellectuels, de la disparition des structures traditionnelles de l'Église. Dans ma jeunesse, il y avait chaque année une grande rencontre d'universitaires catholiques, ça s'appellait la Collection, tout le monde s'exprimait, réfléchissait, polémiquait. Au moins, ça bouillonnait. Aujourd'hui, seuls les historiens, ou presque, restent créatifs, productifs. Mais l'Histoire demeure – un peu – extérieure à la foi. Il faudrait penser à nouveau sur la foi du curé, cette foi étrange où se mêlent le meilleur et, parfois, le pire. Mais au moins l'amour de Dieu, l'amour du Christ sont toujours au premier plan.

Dans cet amour avec Dieu, n'y a-t-il pas aussi une relation charnelle, comme dans l'« autre » amour?

Bien entendu, avec tout de même une différence capitale entre ces deux formes : la transcendance. On ne peut pas comprendre la signification du mot « Dieu » si, dans la vie quotidienne, il n'y a pas une expérience d'amour analogue avec un autre, avec d'autres...

Avec une femme...

Bien entendu avec une femme, cela va sans dire. Même s'il s'agit d'un amour tout autre. Il y a les mots de l'amour, des mots humains. Père, c'est un mot humain. On aurait sans doute pu trouver mieux, mais qu'importe : il faut bien parler, s'exprimer. Un jour, l'apôtre Paul s'est mis à parler. Il a dit : « *Abba* », père en hébreu. Et il explique que l'Esprit saint est en nous, qu'en nous il s'unit à notre esprit. L'Esprit de Dieu s'unit au nôtre pour croire à Dieu, *Abba*. Jésus, pour expliquer comment il faut prier, fait la même chose : « *Pater* ». Quand vous parlez à Dieu, dites « notre », « Notre Père. » Le *Notre-Père* est une prière juive, reprise et transfigurée.

Il n'y a pas que la prière. Et la communion, cet acte incompréhensible ?

Vous avez raison, c'est tout à fait incompréhensible. Et je vous en parle. Quel paradoxe ! C'est incompréhensible et, en même temps, je le comprends au point que ma vie est construite autour et pour ce mystère. Je comprends assez pour vivre et marcher. Je ne comprends pas assez pour affirmer que c'est lumineux. Si je le prétendais, je serais fanfaron. Les mystiques parlent d'une lumière obscure, la formule ne manque pas d'allure, de charme. Les intellectuels, eux, raisonnent différemment, leur découverte passe par d'autres chemins, d'autres explications dont je me sens proche. Comment Claudel, ce gros bonhomme, a-t-il découvert Dieu ? Il le raconte dans le moindre détail, près du premier pilier à droite, dans le chœur de Notre-Dame. Tout à coup, il découvre cette chose qu'il décrit magnifiquement parce qu'il dispose, charme suprême, d'une plume de poète. En un instant, tout est là, le Dieu dont parle l'Église est réel. Voilà. Ensuite, il lui a fallu quatre années supplémentaires pour comprendre et tout mettre en place.

Alors « ça » tombe dessus...

Sur Claudel, oui, c'est tombé dessus. Sur d'autres, non. Le cheminement de Bergson a été long, près de quarante ans. Moi, Dieu m'est tombé dessus dès la naissance, que voulez-vous ! Depuis, il m'est fort régulièrement retombé dessus ! Comment Dieu rencontre-t-il l'homme ? Voilà un sujet passionnant. La Bible, c'est encore ce qu'il y a de mieux pour obtenir une réponse. Car les hommes nous content qu'ils ont été rencontrés par Dieu ! Pas l'inverse ! Écoutez le prophète Amos : « Je n'y tenais pas du tout, mais pas du tout ! Il m'est tombé dessus ET moi, je piquais des sycomores ! » Et Jérémie ? Jérémie, c'est encore pire : « Je ne veux pas... » « Tu iras... » Et Marie ? « Réjouis-toi, Marie, le Seigneur est avec toi. » Elle est interloquée, nous raconte Luc. Quant aux apôtres, ils rencontrent Jésus, qui leur demande : « Allez viens, suis-moi. » Ils allèrent, ils virent et ils demeurèrent. Trois mots de l'Évangile de Jean. Convenez qu'on puisse difficilement dire mieux...

On parle du célibat des prêtres comme d'un malheur. Mais il existe un amour charnel, anthropophagique même, entre le Christ et vous. Lors de la communion, on mange le Christ...

La relation avec Dieu n'a rien de comparable avec une autre. C'est une relation au mystère, c'est-à-dire dans l'ombre. Vraiment dans l'ombre, dans l'obscurité, sur une parole. « Je te crois, Seigneur, et parce que tu l'as dit, j'adhère. » Tout autre est l'adhésion à quelqu'un que vous aimez. Ce n'est pas une adhésion au mystère, au contraire. C'est une adhésion réelle et réaliste. Vous vous voyez, vous vous touchez, vous vivez entre les mêmes murs. Là, c'est différent, comme un mariage, mais au-delà de la sensibilité. Ce que je vous dis est obscur? Plus j'avance en âge et plus l'obscurité s'épaissit.

Amour obscur, mais anthropophage...

Ce reproche d'anthropophagie, les païens nous le faisaient déjà au IIe siècle, précisément à cause de la communion! Vous retardez... Soyons sérieux : je ne mange pas le Christ. C'est le corps du Christ « en sacrement ». A Pâques, Jésus réunit ses disciples, la Pâque juive. Jésus était juif, alors il prend le pain et dit : « C'est mon corps livré pour vous, prenez, mangez. » Ils prennent, ils mangent. Ensuite, il verse le vin, met de l'eau et dit : « Ceci est mon sang versé pour vous, prenez, buvez. » Ils prennent, ils boivent. De cette période majeure, il faut tirer deux enseignements : d'abord, cela « est », ce n'est pas une simple image, ça va beaucoup plus loin. Ceci « est », c'est bien « moi ». Ensuite, si je mange ce pain, j'entre dans une communion indicible avec Lui, une communion extrême, unique. Je mange le pain et ça ne l'empêche pas de vivre; je ne l'ai pas mangé, Lui...

Comprenez qu'on n'y comprenne goutte...

La théologie est en mesure de l'expliquer. Ce pain, c'est vraiment le corps du Christ, mais pas dans la réalité historique. Cela s'appelle la réalité sacramentelle. La plupart des catholiques ont toujours cru qu'ils mangeaient très réellement le corps du Christ, que c'était « vraiment » Lui. C'est, dans leur esprit, une réalité qui dépasse l'entendement.

Alors, à la communion, on mange le corps du Christ, oui ou non?

On le mange sacramentellement. On le mange mystiquement. Pas historiquement, c'est évident. Il est exact que les catholiques ont trop insisté sur le côté « réel », d'où, quelquefois, cette accusation d'anthropophagie. Les protestants, eux, ont davantage insisté sur l'aspect évocateur. Pour les catholiques, la communion est tellement réelle que, la messe terminée, l'hostie elle-même demeure le saint sacrement. Chacun la garde. Les protestants, eux, ne la conservent pas.

Vous ne seriez pas un peu protestant sur cet aspect des choses?

Non, ce sont les protestants qui sont en train de devenir catholiques. Moi, je crois vraiment à la réalité, chaque jour j'adore le saint sacrement pendant une demi-heure. Chaque jour, je passe une heure devant l'hostie. Aucun protestant ne se comporte ainsi. Prenons un autre exemple : le mémorial, faire mémoire. Quand les juifs font la mémoire de l'Exode, leur libération d'Égypte, ils insistent : ce n'est pas seulement du souvenir dont il s'agit. Chez les catholiques, c'est identique. Il y a le souvenir, bien sûr, mais aussi la réalité du Seigneur qui, lorsque nous faisons mémoire, est présent. Le mémorial, ce n'est pas seulement le souvenir, c'est plus. Jésus dit : « Faites ceci en mémoire de moi. » Les protestants s'exécutent : ils se souviennent, voilà tout. Pour les catholiques, l'attitude est différente : il est encore là, réellement présent.

Redoutez-vous l'enfer?

Ça ne me fait pas peur. Je perçois des périodes de l'histoire, le Moyen Âge par exemple, où cette notion d'enfer est hypertrophiée. Je redoute l'imagination des hommes à propos des grands mystères. Nous nous sommes trop servis de la terreur provoquée par l'enfer pour exploiter le faible.

L'enfer, serait-ce aussi les « autres », tous ceux qui ne sont pas chrétiens?

Certainement pas. Pourquoi les croisés, poussés par un élan à l'origine admirable, ont-ils commis tant de crimes? Je ne sais pas. A cause des images qui y sont accolées, il m'est difficile d'évoquer l'enfer. Mais je crois à Satan, au diable, au Principe mauvais. C'est terrible, j'en conviens : Satan m'est moins obscur que Dieu. Ça fait drôle d'évoquer, aujourd'hui, le diable... On n'ose plus parler du diable. Une nouvelle fois, il est indispensable de se plonger dans Bernanos.

Croire au diable, n'est-ce pas une ruse pour nous faire croire à Dieu ?

Une ruse ? De qui ?

Une ruse des hommes d'Église : puisqu'il y a le diable, c'est donc qu'il y a Dieu...

C'est le contraire. Je discerne la réalité diabolique à partir de ma relation avec Dieu.

Vous iriez jusqu'à affirmer que nous avons le diable en nous ?

Oui, plus ou moins.

Vous discernez donc, au Rwanda ou en Bosnie, la main du diable ?

Évidemment, l'influence de cette réalité spirituelle que j'ai appelée Satan.

Et la main de Dieu, au Rwanda ou en Bosnie?

On peut la voir aussi. Mais il faut regarder de très près, découvrir ce barbu belge resté à Kigali pour accueillir les orphelins, s'intéresser à cette religieuse qui n'a jamais voulu partir alors qu'elle savait sa vie en danger, remarquer que, parfois, Hutus et Tutsis revivent déjà ensemble.

Et le choléra? Et les centaines de milliers de cadavres décapités?

Vous avez raison : ces images écrasent tout et l'on voit moins ce qui est l'œuvre de Dieu et qui, j'en suis convaincu, finira par l'emporter à travers les millénaires.

Si Dieu est amour, si Dieu est tout-puissant, que vient faire le diable dans cette histoire? Le diable tellement puissant en ce XXe siècle d'Auschwitz, tellement plus puissant que Dieu...

Apparemment, vous avez raison. J'insiste : apparemment... Il est là, mais il recule, le diable. Jeanne d'Arc a été condamnée comme sorcière, brûlée vive. L'œuvre de Satan. Mais Dieu lui avait permis de vivre son amour extraordinaire, sa foi, ses espérances. Et c'est l'essentiel, cela recoupe ses choix. Ils sont nombreux, croyants et non-croyants, à vivre l'essentiel, l'amour et la vérité. Ils les vivent et Satan ne peut le leur retirer.

Vous ne répondez pas: si Dieu est amour, si Dieu est tout-puissant, pourquoi tolère-t-il le diable?

Si j'avais été Dieu, je ne l'aurais pas toléré [rires]. En fait, vous me demandez: pourquoi sommes-nous là? Et que signifie « être »? Je n'en sais rien.

Vous ne vous posez plus ce genre de question, le rapport entre Dieu et le diable...

Je me la suis posée... Plus maintenant... Tout ceci est obscur et l'obscurité, c'est quand même beau. L'histoire de la relation entre Dieu et l'homme offre la trame d'une grande histoire. Il faut la prolonger, indéfiniment, sans essayer de la décrire et de l'expliquer de façon prématurée. Écoutons tel biologiste: « Autant j'apprécie les travaux du paléontologue, autant je ne comprends pas un mot à ce qu'il écrit sur Dieu. »

Il y a d'un côté la folie de votre foi dans toute sa naïveté infantile et d'un autre côté la raison au travail, ce labeur obstiné que vous poursuivez, ces études qui n'en finissent pas. Vous n'avez jamais ressenti de contradiction?

Je ressentais plutôt une attente, une espérance. Je ne comprenais pas, mais, en travaillant, j'imaginais que j'allais mieux comprendre. Une évidence ne me quittait pas : il existe une intelligibilité de ce à quoi je crois. Autrement dit, ce à quoi je crois n'est sûrement pas inepte. Cela dépasse bien sûr mes capacités. Il faut donc pour comprendre, et prier et travailler. Mais travailler aussi !

Le travail de la raison n'est pas destructeur pour la foi ?

Pas le travail de la raison éclairée par la foi. Telle est exactement la définition de la théologie que nous donne saint Anselme : « *Fides quaerens intellectum* » (la foi cherchant à comprendre) ! Cette intelligence de la foi est une intelligence malgré tout différente de ce qu'on entend communément par là. La réflexion repose sur ce que j'ai reçu d'ailleurs. Elle ne procède pas de ma propre expérience, de mes déductions, mais de ce qui me vient d'ailleurs.

Mais le doute est un moteur essentiel pour la recherche...

En un certain sens seulement. Le doute est bien sûr un élément fondamental pour la recherche scientifique. Et même pour la recherche théologique. On doit s'interroger sur la valeur historique d'un texte. Par exemple le récit de l'Arche d'alliance avec Noé. Qu'est-ce que l'auteur a pensé ? Quelle est la validité de ce à quoi il croyait ? Là-dessus il y a eu, il y a des doutes, mais pas sur l'essentiel.

Malgré tout, l'Église n'a jamais constitué un obstacle à votre travail de recherche ?

Quand vous dites Église, vous ne donnez pas à ce mot la même connotation que moi. Vous imaginez l'énorme institution, à la limite même le « bazar ». Moi quand je dis Église, je pense à Jésus qui a employé une fois ce terme. Pour lui, comme pour les apôtres, cela signifiait ceux qui vivent aujourd'hui la foi en Jésus-Christ. Alors c'est admirable, cette foi qu'ils essayent de vivre, même si elle est pleine de péchés.

L'Église n'en est pas moins aussi cette énorme institution, ce « bazar » qui a bloqué la recherche scientifique...

Plus maintenant. Il est vrai que l'Église est restée longtemps une farouche adversaire d'une certaine recherche scientifique. Cependant cet obscurantisme ne lui était pas propre. La confusion était partout dans les têtes. Le professeur Jean Hamburger, que j'ai remplacé à l'Académie française, a écrit un livre très instructif de ce point de vue sur la vie de William Harvey, ce chirurgien anglais qui a découvert le mécanisme de la circulation sanguine. Le pauvre ! Comme il a souffert des obstacles et des interdits qui lui ont été continuellement opposés par... le monde médical. Cela se passait dans les années 1625, un temps où toute exploration de voies nouvelles se heurtait aux corporations censément compétentes et sagaces. Y compris dans le domaine médical. Molière a déjà dit tout cela dans son *Malade imaginaire*, d'une manière qui m'est plutôt sympathique...

Cet obscurantisme scientifique n'exonère pas l'Église de ses responsabilités spécifiques.

L'Église de cette époque ne pouvait être épargnée par ce confusionnisme généralisé. Mais il est vrai qu'elle avait ses propres œillères ou, plus exactement, ses propres raisons qui l'empêchaient d'ouvrir grands les yeux. Des raisons de type pseudo-théologique.

A savoir?

Imaginez la révolution mentale qu'il lui fallut accomplir pour accepter cette idée : la Terre n'est pas au centre de l'univers! Comment encaisser un tel coup! Si Dieu est venu, croyait-on, il ne peut qu'être venu au centre. Aujourd'hui, des siècles plus tard, cette conception paraît infantile. Mais, en cette période-là, tout le monde était persuadé que la Terre était le centre. Les découvertes de Copernic ont donc été étonnantes pour tous. Une révolution de cette importance ne peut que provoquer, dans un premier temps, un réflexe généralisé de refus. Et plus particulièrement de la part de l'Église, pour qui passer à l'héliocentrisme paraissait incompatible avec ce qui avait été reçu de la parole de Dieu.

Et les idées coperniciennes furent condamnées par Paul V comme contraires aux Écritures! Et l'astronome Galilée fut condamné par le tribunal de l'Inquisition! Et...

Holà! Nous n'en sommes plus aux temps de l'Inquisition, je vous l'ai déjà dit une fois et je le répète. Mais gardez-vous de toute vision simplificatrice. Essayez d'appréhender ce qu'il y avait dans la tête de ces hommes en ces années-là. De ces hommes d'Église en particulier qui lisaient la Bible de manière un peu naïve, un peu candide sans se rendre compte qu'ils avaient devant eux des textes littéraires qui ne présentaient pas les mêmes degrés d'autorité. Ils s'en étaient imprégnés comme de vérités intangibles, au détail près. Ils ignoraient – ils ne pouvaient même pas le concevoir – que le premier chapitre de la Genèse était poétique. Complètement poétique! Avec bien plus qu'une poésie : une leçon. Mais beaucoup ont cru, et longtemps, qu'il fallait prendre ces écrits au pied de la lettre, que tout s'était passé ainsi. Cette époque-là a été marquée par une candeur... généralisée. L'Église en était partie prenante, à sa façon.

Une candeur! Drôle de candeur, militante, combattante, dure, impitoyable!

Oui, bien sûr. Et je ne tente pas de justifier quoi que ce soit. Mais quand la vérité, votre vérité que vous prenez pour universelle et vitale, est en jeu, vous vous battez. Avec d'autant plus de violence que vous vous sentez menacé. Copernic, Galilée, Kepler ne pouvaient être accueillis comme les grands savants qu'ils sont. Ils ont été pris pour des dangers publics mettant en péril la foi. « Qu'allons-nous devenir, se disaient les gens, si la Terre n'est pas au centre du monde? »

Mais cela ne change rien fondamentalement à l'existence ou non de Dieu que la Terre tourne autour du Soleil plutôt que l'inverse.

Vous dites cela aujourd'hui, en 1994. Vous pourriez ajouter que cette découverte a redonné du souffle à la réflexion théologique. Il n'empêche que dans un premier temps, les croyants de l'époque ont subi une épreuve terrible! Une épreuve bénéfique au bout du compte, mais qui ne doit pas nous entraîner dans un excès inverse : cette illusion scientiste qui s'est propagée depuis le XIXe siècle, lorsque les progrès scientifiques ont entraîné certains esprits à prétendre que toute la lumière venait de la science.

Là, vous voilà devenu sceptique.

Il faut l'être en cette matière, car on s'est aperçu que cette lumière projetée par la raison scientifique était pour le moins relative, incertaine ou même trompeuse. La vérité scientifique n'est pas forcément... vraie. Elle est partielle. Elle ne résume pas tout. Elle exige une certaine humilité, plutôt que cette prétention... qu'elle dément elle-même. Ce sont les scientifiques qui ne cessent de remettre en question leurs certitudes. Une découverte chasse l'autre. La relativité d'Einstein devient elle-même relative. J'ai du mal à m'y retrouver. Les chercheurs aussi sans doute, qui se rendent bien compte que la science ne peut se satisfaire d'elle-même.

Vous n'accordez pas de crédit aux sciences exactes?

Elles présentent leurs vérités qu'il faut confronter à d'autres. Ce n'est pas facile à suivre. On m'a ainsi appris, il n'y a pas longtemps, que deux parallèles pouvaient se rejoindre à l'infini. Cela m'a pour le moins étonné, mais on m'a expliqué qu'il s'agissait d'un schéma. Ah bon? Cela ne me paraît pas très clair, mais je ne suis pas un scientifique. Je dois être complètement dépassé...

Vous vous moquez...

Non, non... Enfin... Prenez les sciences chimiques ou physiques ou les mathématiques. Les chercheurs discutent. Ils discutent! Il n'y a pas d'évidence, même pour eux. Alors, que certains puissent prétendre que la science explique tout et que toutes les lumières proviennent de là, oui, cela me fait sourire pour le moins.

La psychanalyse n'ébranle pas plus votre foi?

Nous avons des psychanalystes remarquables! Tout le monde connaît l'école freudienne, si brillante, et puis il en est venu une autre, celle de Jung, si intelligente, mais qui dit exactement le contraire de la précédente. Enfin est arrivé Jacques Lacan...

Une arrivée qui a l'air de vous réjouir.

Je m'amuse. J'éprouve un amusement « fou » si j'ose dire, mais je ne le montre pas trop, car j'ai des amis psychanalystes lacaniens. Ils me parlent de « l'assomption jubilatoire de l'être »! Je m'écrase. Je ne prétends pas savoir ce que cela veut dire sinon « on est content d'exister »... Or, voici que des disciples de Lacan s'en vont partout répéter, y compris dans le journal *Le Monde*, que c'était un « fumiste ». Ce n'est pas vrai! Cet homme a réussi à rouler le public d'une façon magistrale.

Vous avez lu ses Écrits*?*

Je les ai lus. Autant que j'ai pu. Il avait un frère moine et Lacan piquait ma curiosité par son expression nouvelle. Mais, en réalité, je n'ai compris que la moitié de ce qu'il raconte. C'est comme l'art moderne, je le comprenais pour la poésie, la puissance d'évocation qui va au-delà de la rationalité pure, mais pour ce qui est de la

« science psychologique », permettez que je me montre au moins circonspect. Une circonspection à laquelle m'invitent chaque jour davantage ces psychanalystes qui se disputent comme des diables.

Freud vous inspire une identique prévention?

Sigmund Freud était un génie. La psychologie des profondeurs par-delà le conscient, ce fut sa grande découverte. On sait grâce à lui que le subconscient existe. Et on voit que des gens ont été guéris par cette recherche subconsciente. Parce que là quelque chose qui empêche la liberté se dévoile. Je crois à ces choses-là sans m'y connaître beaucoup. Mais c'est la prétention qui me fait rire.

Vous voulez dire la prétention scientifique qui se veut totalisante, impérialiste?

Oui, exactement. Elle est dérisoire, ou émouvante par sa naïveté, la prétention de certains scientifiques qui imaginent détenir la vérité de l'homme. Dans le domaine de la psychologie, ils ont mis au jour une part de vérité; mais une part seulement.

La science peut être vraie, mais l'être humain lui échapperait?

L'homme est irréductible aux mathématiques, à la physique, à l'astronomie, à la psychanalyse. Ces sciences apportent des vérités qui ne touchent pas l'être. Que deux plus deux fassent quatre, on ne sait pas ce que cela veut dire. Mais ce résultat doit être vrai. Encore qu'un de mes amis mathématiciens m'ait démontré qu'on pouvait calculer autrement et dire que deux plus deux font cinq. Je ne suis pas compétent pour trancher. Mais je sais que je ne peux pas vivre ma vie parce que deux plus deux font quatre, ou même cinq.

Il n'empêche : ceux qui ont fait progresser la science ont souvent dû braver l'autorité de l'Église.

Au nom de leur foi, beaucoup des croyants en effet se sont, par le passé, opposés aux progrès scientifiques. Je comprends que cet obscurantisme ait entraîné certains à refuser, à rejeter les défenseurs de cette foi. Ce rejet s'est longtemps perpétué alors même que ce qui le motivait – l'obscurantisme de l'Église – avait disparu. C'est une attitude compréhensible, mais grotesque aujourd'hui, dépassée.

Beaucoup de scientifiques n'en sont plus à ce stade. Ils ne nient plus la foi ni Dieu. Ils les mettent de côté.

Ah, c'est autre chose, l'agnosticisme ! Tout autre chose. J'ai longtemps travaillé la question avant de prendre la succession de Jean Hamburger à l'Académie française. En étudiant les œuvres de ce professeur de médecine, je me suis rendu compte que, pour se définir, il disait finalement : « Je suis agnostique, je ne peux pas croire ! » Je ne peux pas... mais je voudrais ! Aujourd'hui les scientifiques me paraissent en attente. Beaucoup considèrent la science et les travaux qui en découlent comme appelant une réalité différente.

Faites un peu de pédagogie. Expliquez-nous la différence entre un agnostique et un athée.

Un athée, c'est Jean-Paul Sartre qui proclame : « J'ai l'assurance que Dieu n'existe pas. J'en fais la démonstration. » Autre exemple : le tandem Marx-Engels. Pour eux, Dieu n'était qu'un « fantasme ». Il avait été « inventé par la misère humaine et pour l'exploitation de la misère ». L'athéisme consiste à dire : « Il n'y a pas de Dieu. Je le refuse et, éventuellement, je le démontre. » Mais à partir du moment où vous constatez : « Je ne prétends pas que ce soit impossible, mais je ne peux pas ! » cela, c'est l'agnosticisme. Tel était le cri de Malraux : « Ma connaissance ne peut pas. »

Tous vos exemples relèvent du passé. Et aujourd'hui ?

Aujourd'hui, je ne rencontre plus d'athée. Les écrivains, les penseurs, les chercheurs que je fréquente ou que je lis n'excluent pas radicalement « l'hypothèse Dieu ». Ils disent : « Je ne peux pas savoir. » Ils constatent leurs limites. Ils reconnaissent qu'il y a, au fond de cet être humain qu'ils observent et analysent, quelque chose qui les dépasse. Il y a dans l'homme plus que l'homme. Quoi ? Ils avouent qu'ils sont incapables de le savoir. Les athées, eux, se refusent à considérer qu'il puisse y avoir dans l'homme plus que l'homme.

Freud, dont vous nous avez dit précédemment qu'il était un « génie », a bien écrit que « la religion [*était*] *une manifestation névrotique »...*

Ce fut un génie dans sa découverte du subconscient. Mais tout ce qu'il a écrit ne vaut pas table de loi. Il était représentatif, lui aussi, d'une époque imprégnée par l'athéisme. Encore que je ne sache pas qu'il ait affirmé avec beaucoup d'énergie qu'il était athée.

Alors il serait « génial dans sa découverte du subconscient » et il déraillerait quand il analyserait la religion comme « une invention de ce même subconscient » ?

Non. Il y a une part de vrai dans ce qu'il écrit. Sauf qu'il ne faut pas couper les choses d'une manière trop nette, au couteau. La religion peut être cela et bien autre chose. « L'oppression du peuple » à certains moments, mais plus sûrement, plus fondamentalement, sa libération.

Comment cela?

Naguère, dans ma lointaine jeunesse, j'ai visité l'Égypte. Ce pays, deux mille à trois mille ans avant le Christ, bouillonnait d'un mélange inimaginable : d'un côté, ce peuple manifestait sans cesse sa foi dans une réalité supérieure et que; de l'autre, il idolâtrait toutes les puissances des alentours. Or, je crois que la révélation chrétienne est venue libérer l'homme de l'asservissement, de l'inintelligence idolâtre. C'est pour cette raison que, comme le rapporte le Nouveau Testament, des hommes et des femmes crient devant Jésus : « Il nous a libérés. Il nous a libérés des idoles. » A l'époque, les idoles étaient partout. Même l'empereur romain était considéré comme un Dieu. En renversant les idoles, les chrétiens ont mis à bas son omnipotence. Il n'était plus de confusion possible sur cette terre entre la toute-puissance d'un homme et la toute-puissance de Dieu. On peut raconter tout ce qu'on veut, mais certainement pas qu'ils ont été persécutés parce qu'ils protégeaient les puissants!

Iriez-vous jusqu'à dire que les scientifiques qui prétendent réduire l'homme à leur science sont de nouveaux idolâtres?

Sans aucun doute. Même s'il peut exister des idolâtres intelligents ou bons. Jean-Paul Sartre a fait preuve d'une bonté extraordinaire. Simone de

Beauvoir n'en était pas totalement dépourvue. Quand elle parle de la mort de sa mère, qui était chrétienne, elle se montre bouleversante. Parce qu'on voit bien qu'elle l'aime, qu'elle l'aime suffisamment pour faire semblant de croire, elle qui était tellement hostile aux faux-semblants. Mais pour sa mère il fallait de la religion. Alors, au nom de l'amour...

La foi, elle l'avait perdue.

C'est difficile, douloureux de perdre la foi. Même, et surtout peut-être, une foi qu'on n'a pas. Simone de Beauvoir avait fréquenté l'école chrétienne. Elle a tout fait. Et d'un seul coup... Plus rien. Le noir. J'ai des camarades dans ce cas. Je ne les méprise pas une fraction de seconde. Je suis même persuadé dans ma foi qu'ils peuvent être beaucoup plus élevés que moi ! Et qu'aux yeux de Dieu, certains sont beaucoup plus proches ! J'en connais de ces agnostiques qui vivent profondément ce qu'à mon sens Dieu leur demande. Pour eux, c'est la conscience morale qui les guide...

Les scientifiques à tendance « impérialiste », vous essayez de les convaincre ?

Je suis devenu sceptique sur ma capacité de convaincre... de ce à quoi je crois. Je peux leur dire : « Voyez ! » « Écoutez ! » Mais les chercheurs de forte compétence ne sont pas scientistes en général. L'expression « Je ne sais pas » les habite.

L'expression est ambiguë.

On peut l'entendre effectivement de deux façons. Pour moi, c'est : « Je ne sais pas et je ne progresse pas selon vos méthodes. » Pourtant j'en suis sûr. Enfin, je suis sûr... la certitude, cette certitude est difficile à formuler clairement. Je prendrai une comparaison pour me rendre intelligible : celle de l'amour entre un homme et une femme. Il arrive qu'il existe entre eux une certitude qui se passe de preuves. Mon père et ma mère étaient absolument sûrs que l'autre ne le trompait pas. Une certitude qui ne nécessitait pas de démonstration particulière ni d'assurance. Savoir sans dire, savoir sans preuve! Mon amour pour Dieu est, un peu, du même ordre. « Ça va sans dire... » « Ça va sans preuve! »

Vous ne traquez pas les signes de la présence de Dieu, les miracles, pour conforter votre foi?

Je n'ai jamais eu besoin de miracles pour croire. J'avouerai même que les apparitions et tout ce qu'on appelle les manifestations surnaturelles ne m'intéressent pas. Je les regarde toujours avec une certaine distance, comme lors de cette « guérison miraculeuse » à laquelle j'ai assisté à Lourdes il y a quelques années. Pendant la procession du saint sacrement, au moment précis où l'évêque de Cahors adressait la bénédiction, une personne paralysée s'est levée et s'est écriée : « Je suis guérie. »

Cela vous a troublé ?

Sur le moment, non. Lorsque mon collègue de Cahors, impressionné, m'a dit : « Je ne l'aurais jamais cru, mais je l'ai vu. Ce n'est pas de la blague », je lui ai répondu : « Écoute, il faut se méfier. Cela ne va pas durer. C'est une excitation passagère. » Mais cela a duré. Le soir même, nous tenions une grande réunion dans la basilique souterraine. Je devais prononcer une petite homélie devant quinze mille personnes dont beaucoup de jeunes. L'un d'entre eux a pris la parole : « Quelqu'un a été guéri. Alléluia. » Tout le monde a applaudi. Il a poursuivi : « Cette personne va monter sur scène et plusieurs d'entre nous avec elle. Nous demandons à l'archevêque de Lyon de nous rejoindre et, en nous tenant par la main, nous allons danser ensemble. » Moi, vous savez, pour ce qui est de la danse...

Et alors ?

Et alors, j'y suis allé. Avec cette petite qui était paralysée depuis des années et qui dansait. J'étais interloqué. Je me disais : « Bon, après tout. Qui sait... » Ma réaction était plutôt le contraire de ce que vous pouvez imaginer. C'était : « Tiens, un miracle est donc possible ! » Ce n'est pas aussi précieux pour moi que pour d'autres.

Mais vous y croyez?

Je crois plutôt qu'il y a « des » miracles. Mais ce ne sont pas des preuves. J'y vois des signes que le Dieu invisible peut adresser, de petits signes.

Des signes que le Dieu invisible adresse ou des indications que la science est encore limitée, balbutiante ?

Les deux. Je ne peux pas nier ce que j'ai vu à Lourdes ou dans certains groupes à l'intérieur desquels se sont produites des guérisons surprenantes. Ils prient pour leurs malades. Ils prient beaucoup. Puis ils imposent les mains. Certains ne sont pas rétablis ainsi, mais d'autres le sont. Pourquoi pas ? Cela n'empêche pas que la science puisse découvrir demain le mécanisme de phénomènes qui nous échappent encore aujourd'hui.

Si on vous suit bien, les miracles ne vous sont pas indispensables ?

« Les » miracles, non. Pour moi, « le » miracle, le bouleversement étonnant, c'est ce qui s'est manifesté dans le Christ. Jésus comme terme et comme commencement d'une histoire dans laquelle je suis! Quel autre miracle, quel autre signe de la présence de Dieu voulez-vous?

Mais la Vierge à laquelle vous croyez tant, vous pensez qu'elle ait pu réapparaître, se manifester concrètement?

Au cours de l'histoire, quelques événements ont manifesté la présence de la Vierge Marie. Pour moi, ces manifestations ont un sens. Pour d'autres, elles n'en présentent guère. Ainsi, le père Teilhard de Chardin n'y trouvait-il aucun intérêt. Il est rare que de grands jésuites intellectuels s'agenouillent devant la grotte de Lourdes. Par contre, on y voit souvent des évêques...

Vous pensez vraiment que Bernadette Soubirous a vu la Vierge?

Que voulez-vous dire?

La Vierge est-elle ou non, selon vous, apparue à Bernadette Soubirous?

Il y a une expérience de Bernadette, qui est une sainte, une expérience spirituelle forte dans laquelle je reconnais une présence de Marie.

Vous rusez. Vous ne vous prononcez pas sur la question précise : y a-t-il eu ou non apparition?

Jusqu'à l'âge de vingt-cinq ans, je n'ai pas accordé d'importance à Lourdes. C'est peu à peu que j'ai découvert la force, la vitalité humaine et spirituelle de Lourdes. Tant de gens ont retrouvé là l'espérance, la foi. Alors, l'Église, après vérification, a dit : « Oui, il y a eu miracle. » Le curé d'Ars, lui, ne croyait pas aux apparitions de La Salette. Mais après tant d'années, tant de pèlerinages, on peut considérer qu'il s'est produit un événement, un signe de l'intérêt de Dieu pour une personne et pour ses paroles. « Je suis l'Immaculée Conception... » Bernadette a cru voir et entendre. Certains prétendent que ce sont des prêtres de Bétharram qui lui auraient soufflé cela dans l'oreille. Je n'ai pas vérifié et peu importe. C'est un autre souffle qui est passé.

Quelque chose de la présence divine se manifesterait donc à travers l'homme, ou la femme. Il n'y aurait pas que le diable à s'incarner?

Voilà. Je crois effectivement à l'existence des manifestations divines de ce genre. Mais elles sont également le lieu où la puissance maléfique se manifeste. Cette puissance diabolique intervient là même où se multiplient les conversions. Dans l'illusion précisément.

Dans l'illusion? Que voulez-vous dire?

Le diable est le prince de l'illusion, ne l'oubliez pas. Voilà pourquoi l'Église se montre toujours si prudente face aux « miracles ». Voilà pourquoi je suis plus sensible au témoignage que donne Mère Teresa, qui se dévoue inlassablement pour aider les mourants. Je suis plus sensible à ce témoignage vivant de la présence de l'Esprit saint qu'à d'autres signes extraordinaires.

Comme la Terre qui s'arrêterait de tourner?

Exactement. Les miracles auxquels je crois profondément ne sont pas ceux que l'on appelle ainsi. Mère Teresa qui, à plus de quatre-vingt-deux ans, poursuit son œuvre, c'est fabuleux! Comme François d'Assise. Comme Thérèse d'Avila. Ce qu'ils ont dit, la manière dont ils ont accompli ce qu'ils ont entrepris, la façon dont ils ont rayonné : tout cela me paraît beaucoup plus miraculeux que n'importe quel miracle.

Vous vous méfiez donc des mystiques?

Cela dépend. Certains me montrent le chemin, ceux qui ont une expérience vraie de la parole de Dieu. A l'inverse, je me méfie des mystiques qui « voient » des choses extraordinaires, car l'extraordinaire m'inquiète. Je ne me méfie pas de Thérèse de Lisieux, d'Élisabeth de la Trinité ou de Bernadette de Lourdes. La manière dont elles ont vécu me paraît admirable et j'accepte donc ce qu'elles ont vu. A travers ces visions, l'Église a pu comprendre un signe. Ces mystiques-là me plaisent; je me méfie davantage des visions de quelques grandes saintes espagnoles...

Vous avez souffert d'un cancer de la gorge. Votre guérison a-t-elle relevé du « miracle »? Qui vous a guéri?

Voilà une question tellement convenue... Qui m'a guéri? Le médecin, évidemment. La médecine et la science. La technique médicale, aussi. Mais je ne vois pas pourquoi Dieu n'aurait pas été, lui aussi, derrière...

Et derrière la tumeur, y avait-il Dieu?

Sûrement! Une phrase de l'apôtre Paul me paraît importante : « Le mystère d'iniquité est un leurre. » Mais le mystère d'amour plus encore... Bon, je n'arrêtais pas de parler, j'aimais beaucoup parler. Et, tout à coup, plus rien... Ce fut spectaculaire!

Vous vous en souvenez dans le moindre détail...

A coup sûr... Tout a commencé à quelques jours de Pâques 1980. J'ai commencé à perdre un peu de voix et je n'en ai pas tenu compte. Ça se dégradait vite. Avant de partir au pèlerinage de Lourdes, je me suis décidé à consulter un médecin à Dijon, où j'exerçais. Je lui ai demandé « quelque chose » pour tenir le coup à Lourdes. Il a accepté, me précisant que c'était « inquiétant » et qu'une opération serait inévitable, au plus tard en septembre. Je me suis rendu à Lourdes et j'ai parlé. Comme d'habitude, beaucoup. J'étais convaincu que ce petit problème allait disparaître.

Et en septembre, vous êtes à l'hôpital...

Le chirurgien m'a précisé qu'il allait m'enlever ce qui s'était déposé sur les cordes vocales et qui, par conséquent, gênait ma voix, qu'il n'avait aucune certitude sur l'état cancéreux ou non de la tumeur, qu'il verrait... Après... Au lendemain de l'opération, j'ai eu la réponse : cancer...

Et là...

Là, j'ai eu peur. Une grande bouffée d'angoisse : un cancer de la gorge, c'était fini. A mon retour à l'évêché, j'ai appelé un ami médecin. Il est aussitôt venu et il m'a expliqué la maladie, mes chances de retrouver ma voix après les séances de chimiothérapie.

Il paraît que vous avez été courageux...

On l'a dit, mais je ne me suis rendu compte de rien. Je parlais de plus en plus bas et puis, un jour, je n'ai plus parlé du tout. Le professeur Horiot, un mécréant fort sympathique, s'occupait de mes rayons. Après vingt-cinq séances, il m'a dit que c'était terminé et moi, je n'avais toujours pas de voix.

Comment occupiez-vous votre temps au moment de ces soins lourds?

J'en ai profité pour travailler Élisabeth de la Trinité, dont les œuvres allaient paraître. Et je faisais des conférences...

Pardon?

Oui, des conférences. Un aumônier, à mes côtés, lisait mon texte. Jamais les étudiants ne m'ont autant écouté que lorsque j'étais muet. Comme le disait Ignace d'Antioche au début du IIe siècle : « Plus tu te tairas, plus on t'écoutera. »

Votre voix est revenue...

Tout à coup, un matin. Chaque jour au lever, je priais. Et là, en m'éveillant, ma prière est venue, j'ai été en mesure de dire *Notre-Père* à haute voix. Le soir même, il était prévu de longue date que je fasse prononcer l'une de mes conférences sur Élisabeth de la Trinité! J'ai vu dans cet épisode un clin d'œil de Dieu: retrouver ma voix alors qu'une grande foule m'attendait. Les gens avaient appris ma guérison et l'émotion était grande; ils m'avaient cru mourant! J'ai pris le micro: « Ma voix est revenue depuis ce matin. Mais le médecin ne veut pas que je me fatigue. » Ils ont applaudi à tout rompre et je me suis vite assis au premier rang pour ne pas laisser paraître mes sentiments.

Cette scène était très impressionnante. Le vicaire général a alors lu mon texte, un long texte. Par moments, il lisait bien, à d'autres, comme un pied. Ça m'énervait...

Guérison miracle ou guérison médicale?

Ma guérison est venue un 25 novembre. Quatre années plus tard, un 25 novembre également, Élisabeth de la Trinité a été béatifiée. Ceux qui sont attentifs aux signes prétendent qu'elle est à coup sûr responsable de ma guérison. Et ce signe, convenons-en, m'a paru joli et charmant. Dans ma prière à Élisabeth, je l'ai remerciée : « Tu es bien chouette, quand même. » Mais ça, ce n'est pas sérieux, c'est personnel, mon côté infantile que vous raillez tant. Lors du procès en béatification d'Élisabeth, il a même été question que ce signe, ce miracle apparaisse. J'ai dit le plus clairement possible que je considérais avoir été guéri par la médecine et que, pour le reste, je m'en remettais au Seigneur. Le professeur Horiot m'a ramené lui aussi à une indubitable logique : « Votre guérison, pourquoi ne serait-ce pas votre Élisabeth et moi? Il n'y a pas de contradiction. » Il avait raison.

Quelques mois après ce cancer, le pape vous nomme archevêque de Lyon, primat des Gaules, le poste le plus prestigieux de l'Église de France...

On m'a fait savoir, en septembre 1981, que j'étais attendu d'urgence à Rome. On m'annonce que le pape a l'intention de me nommer et qu'il exige une réponse sous les huit jours. J'ai répliqué qu'il fallait, au moins, que je consulte mon médecin au sujet de ma voix, que j'étais en train d'organiser mon retour dans le Nord, une espèce de préretraite...

Et votre médecin vous a encouragé...

Plus que ça : il trouvait cette idée « géniale », convaincu qu'une telle promotion accélèrerait ma guérison définitive... J'ai donc dit oui et le secrétaire d'État du Vatican m'a fait savoir que le pape voulait me « dire deux mots ». Je retourne à Rome. « Je vous remercie d'avoir accepté » : ce fut la première phrase de Jean-Paul II. Je lui ai demandé ce que « je devais faire à Lyon ». « Vous le savez mieux que moi », a-t-il répliqué. Ce fut la seule directive que Jean-Paul II m'ait jamais donnée.

En sortant du grand séminaire, vous songiez déjà à entrer dans la hiérarchie de l'Église, à réussir une carrière aussi éblouissante ?

Je n'y pensais pas ! Pas du tout ! Mais pas le moins du monde... Faire carrière dans les bureaux ! Mon Dieu... Oh, non ! Au contraire. J'étais le contraire d'un bureaucrate de l'Église. Je rêvais d'une carrière universitaire, maître de conférences, professeur d'Écriture Sainte, spécialiste du Nouveau Testament, de saint Jean. J'avais d'ailleurs écrit quelques pages sur l'apôtre Jean. Une carrière? Mais, à Lille, il y avait un évêque pour mille deux cents prêtres. Comment pouvais-je y songer? Je ne savais même pas comment on était nommé évêque! Et puis, tout est venu par hasard...

En ce qui vous concerne, le hasard a souvent bon dos...

Je dis hasard dans le sens où je n'ai rien demandé, jamais.

N'empêche : très vite, jeune curé, vous êtes entré dans la hiérarchie, dans les structures et les entrailles politiques de l'Église...

Oui, parce que dans les années 50 j'étais directeur au grand séminaire et, à l'époque, la fonction était importante.

Le hasard encore...

En 1951, j'ai été nommé – enfin – vicaire dans une paroisse populaire, à Saint-Hilaire d'Halluin, chez moi dans le Nord. Après quelques mois de bon travail, l'évêque m'annonce qu'il me nomme professeur d'exégèse au grand séminaire. J'ai quitté mes ouailles un peu désolé. J'assure mon enseignement. Et ça marche... Quelques années plus tard, après un séjour fabuleux de six mois à Jérusalem, j'enseigne encore l'Écriture Sainte, mais avec plus de passion et de compétence. Et voilà que le supérieur du grand séminaire me confie la formation permanente des jeunes prêtres. Le nombre de vocations allait diminuant et nous sentions poindre les difficultés. « A nous de voir ce qu'il convient de faire », m'ont-ils dit. Pas facile.

Vous avez essayé d'innover?

J'ai lancé un cours de théologie selon une nouvelle méthode pédagogique. Un dialogue remplaçait le cours et j'assurais la synthèse. C'était épuisant, j'ai arrêté...

Et vous avez été successivement nommé archidiacre de Roubaix-Tourcoing, vicaire général aux côtés du cardinal Liénart, évêque auxiliaire puis évêque de Dijon, archevêque de Lyon, président de la Conférence des évêques de France. Un véritable chemin de roses...

Des roses avec un cancer qui m'a rendu muet six mois durant... Le cardinal Liénart m'a demandé d'être archidiacre. J'ai accepté. Quatre cent mille habitants, j'avais quarante-deux ans. Évêque auxiliaire de Dijon, une exigence de Paul VI. J'ai accepté. L'évêque démissionne en 1974, je le remplace. Je n'ai rien demandé. Rien. Jamais.

Et il faudrait vous croire...

Oui. Je n'ai jamais courtisé Rome. C'est ainsi. Je sais bien que, sur ce point, personne ne me prend au sérieux. Les évêques m'ont élu, en 1987, président de leur Conférence parce qu'ils croyaient en mon habileté. Certains me prenaient pour un faux candide, capable d'hypocrisie, retors et habile. Ils se trompaient et ils ont fini par s'en rendre compte : à deux ou trois reprises, j'ai été roulé par des journalistes. Dès lors, mes pairs ont estimé que j'étais moins habile qu'ils ne le pensaient.

Comment vos parents ont-ils réagi à cette ascension météorique ?

Pour mes parents, être curé n'avait rien d'une promotion sociale. Ensuite, quand la hiérarchie m'a poussé à étudier puis m'a confié des responsabilités, ils ont été fiers de ma réussite. Sans plus... Sans plus... Ils ne comprenaient pas bien mon bonheur spirituel, cette satisfaction qu'il y avait pour moi de célébrer l'Eucharistie, d'annoncer la parole de Dieu. C'était pourtant un bonheur tout simple...

Personnage religieux et politique dans une hiérarchie religieuse et politique, vous apprenez aussi à avoir des ennemis...

Un sentiment étrange. Jusqu'à mon ascension dans l'Église, j'avais toujours éprouvé la sensation agréable d'être aimé. Mes parents, mes sœurs, mes professeurs, mes supérieurs. Vicaire général à Lille, j'ai commencé à avoir quelques ennemis, j'ai cru percevoir des changements d'attitude, un début d'hostilité...

Qui venait d'où?

Très rarement des mécréants. Des catholiques intransigeants m'écrivaient des lettres terribles, à la limite de l'insulte. Mais c'est en arrivant ici, à Lyon, que j'ai ressenti, pour de vrai, ce que la haine peut signifier. J'en étais d'ailleurs estomaqué; je trouvais curieux que l'on puisse ne pas m'aimer. J'avais tendance à me dire que ces gens-là, décidément, « n'étaient pas normaux ». A force de réflexion, j'ai fini par convenir qu'ils étaient eux, mes ennemis, les dépositaires de la vie réelle. Je devais apprendre à aimer sans être aimé. Une découverte presque mystérieuse pour moi...

Sans doute vous détestaient-ils parce qu'ils ne vous comprenaient pas...

C'est bien là le problème essentiel : la compréhension entre les hommes, entre les chrétiens, entre les catholiques. Prenons l'exemple du péché originel. Moi-même, longtemps, je n'ai pas compris. On parlait du péché originel avec tant d'infantilisme que je comprenais la réaction des gens : s'enfuir! En réalité, nous parlons un langage qui, trop souvent, ne correspond pas à la réalité. La manière dont Dieu s'est exprimé demeure et demeurera obscure. Tous ceux qui veulent à tout prix y mettre de la clarté se trompent. Les prêtres ont du mal à l'admettre : ils n'énoncent pas l'exact reflet de la vérité, ils tendent vers...

Vers quoi?

Faire comprendre qu'il y a eu un acte d'amour pour quelqu'un et que ce geste a changé la face de l'humanité en nous distinguant définitivement de l'animalité. Un geste d'amour envers Jésus, Jésus qui a su dire « non », et ce « non » s'est répercuté d'une manière mystérieuse jusqu'aujourd'hui. Que faut-il donc expliquer, toujours et encore? Que Dieu lui-même a réinventé le salut en envoyant celui qui était lui-même tout en étant un autre... Oui, mais comment le dire? Jeune, au service militaire, j'expliquais tout cela volontiers aux copains. Je les évangélisais. Et ils n'y comprenaient pas grand-chose...

Vous comprenez tout de même la difficulté à comprendre?

Je comprends admirablement qu'on ne comprenne pas... Comprendre le péché originel... difficile, en effet. Pourquoi notre Dieu s'y est-il pris comme cela? Pourquoi a-t-il voulu un homme libre? Je n'en sais rien. Je trouve que c'est mieux ainsi, voilà tout.

Vous acceptez donc une part de mystère, d'incompréhension?

Bien sûr. L'Évangile est la traduction mystérieuse et vivante de ce qui se passe. La foi, ce ne peut pas être strictement intellectuel. « Crois en moi... » « Est-ce que tu te remets à moi... » C'est ça, la foi. « Si tu t'en remets à moi, qui que tu sois », voleur, prostituée. « Viens à moi, tu es sauvée ma fille... » Marie-Madeleine est la première. Marie-Madeleine, celle qui va annoncer la résurrection aux apôtres. Il y a une sorte de mystère, l'attitude de Dieu... Pour « comprendre » Dieu, pour pénétrer – un peu – le mystère de Dieu, je regarde et j'écoute Jésus.

En ébauchant un premier bilan, vous sentez-vous mieux dans l'Église d'aujourd'hui ou dans celle des années 50?

Je n'aurais pas aimé être évêque dans les années 50. La vie d'un évêque est aujourd'hui plus simple, moins encombrée, la relation avec les autres est, elle aussi, plus vraie. C'est cela l'essentiel. Quand je vois la manière dont les évêques, à l'époque, s'adressaient aux curés et aux paroissiens... Il s'est produit une vraie révolution. Mais, *a contrario*, il y a quarante ans, Lyon était la vraie capitale de la chrétienté française. Il y a quarante ans, Lille et Roubaix ne pouvaient pas être qualifiées de villes chrétiennes et, pourtant, tout le monde était baptisé... Alors aujourd'hui, il faut combattre de manière paisible, témoigner. Témoigner, c'est la véritable force de ceux qui, comme moi, croient à la résurrection.

Mais votre curé flamand, lui, était un combattant, pas un témoin...

C'était un soldat de Jésus-Christ. Pour ma part, j'en reste à ma devise : dans la simplicité...

Vous n'avez pas eu envie d'en changer, de changer?

Je ne m'interroge pas là-dessus. Je ne m'interroge d'ailleurs jamais – ou presque jamais – sur moi-même. J'ai donc du mal à vous répondre. Je suis un peu comme Malraux dans la préface des *Antimémoires* : je ne m'intéresse guère. Alors, je dois faire attention à ne pas vous tromper. Mes illusions d'enfance, j'ai mis bien du temps à en sortir. Jeune prêtre, mes premières confessions m'ont souvent étonné et, quelquefois, scandalisé. Je me disais : « Mais comment cet homme peut-il faire ça? » Le secret était absolu, mais je lui faisais la leçon. J'étais très dur, au prétexte que « cela ne se fait pas, alors demandez pardon ». Et j'ajoutais : « Demander pardon, cela exige de ne pas recommencer. »

Vous étiez un confesseur sévère...

J'avais vingt-quatre ans. Aujourd'hui, je me comporte de façon très différente. Désormais la note humaine et relationnelle l'emporte. Dans un premier temps, j'ai tendance à mettre en garde : « Écoutez, ne vous confessez pas, causons, parlons ensemble. » J'ai le sentiment que celui qui vient a plus besoin d'une relation que d'un pardon. Sauf dans le cas d'une confession banale, quand celui qui se présente demande le signe d'un pardon de Dieu pour des choses insignifiantes. En réalité, la plupart de ceux qui viennent en confession « débarquent » parce qu'ils n'ont personne avec qui parler.

Jeune, vous étiez surpris qu'on vienne se confesser après avoir commis une faute grave, quelque chose de « très mal », comme vous dites?

Non, parce qu'à l'époque la confession était vraiment anonyme; nous étions, de part et d'autre du confessionnal, invisibles. La personnalité du prêtre disparaissait derrière sa fonction. Dans un confessionnal, j'étais inconnu, l'autre aussi, quel que soit son cas. Il y avait en moi un sentiment aigu de responsabilité par rapport à celui qui était là. J'étais parfois déçu : le cas était d'une parfaite banalité; et de temps à autre inquiet : je me sentais incapable de répondre à l'attente, trop fragile.

Le pardon de Dieu, par votre intermédiaire, signifie-t-il aussi le pardon des hommes?

Ma conviction est claire : si Dieu pardonne, nous devons bien être capables d'en faire autant, pardonner à quelqu'un qui, vraiment, se repent. « Pardonne-nous nos offenses comme nous pardonnons à ceux qui nous ont offensés », dit le *Notre-Père,* la prière majeure. Mais attention : le pardon ne veut pas dire qu'on accepte n'importe quoi. Certainement pas...

Avez-vous déjà refusé le pardon?

Il y a le pardon de type affectif, le plus profond. Je ne suis pas en mesure de dire à qui que ce soit : « Je te pardonne. » De quoi aurais-je l'air? Il faut bien comprendre la signification du pardon à telle personne qui a fait un mal terrible. Ce pardon, il ne faut pas le dénaturer, il veut dire : si tu le regrettes, prends-en les moyens; tu vaux autant que moi, tu vaux peut-être plus que moi. Une fois, je suis allé en prison et un type m'a interpellé. Nous avons beaucoup parlé et je le trouvais sympathique, brave même. J'aurais été disposé à le lâcher sur-le-champ dans la nature. Un gardien m'a alors ramené à la réalité : c'est vrai, il est sympathique. Il a – aussi – assassiné de sang-froid deux convoyeurs de fonds... J'étais prêt à lui pardonner et il avait assassiné deux personnes : quel sens pouvait donc avoir mon pardon? Aucun. Mais si jamais cet assassin me choisissait comme confident, j'essayerais de déterminer s'il regrette profondément son geste et s'il est décidé, pour de vrai, à changer. Si oui, tout est possible.

Lors de notre premier entretien, vous nous disiez : « Les gens viennent volontiers me voir parce que l'Église n'est plus dangereuse. » Vous le regrettez ?

Mon combat a changé. Je suis un témoin de Dieu, c'est-à-dire que je dis ce que je pense. Je crois que c'est une manière de combattre pour Dieu, pour Jésus. Une manière plus discrète. Vous savez, je suis content de ne pas passer pour quelqu'un de dangereux...

DEUXIÈME PARTIE

LES JUIFS

« Le pauvre colporteur est mort
la nuit dernière,
nul ne voulait donner de planches
pour sa bière,
le forgeron lui-même a refusé son
clou :
c'est un juif, disait-il,
venu je ne sais d'où,
je fis honte aux chrétiens de leur
dureté d'âme. »

LAMARTINE

Vous êtes, parmi les hommes d'Église, un de ceux qui ont toujours cherché le dialogue avec les juifs et donné des signes de solidarité avec eux. Au besoin contre l'Église ou une partie de l'institution...

Il est vrai qu'on ne m'a pas toujours immédiatement compris. En particulier, au moment de l'affaire dite Touvier. J'avais demandé à une commission d'historiens dirigée par le professeur René Rémond de faire toute la lumière sur les rapports entre l'ancien chef de la milice lyonnaise et l'Église. Non pas, comme certains m'en ont accusé, pour remuer la boue, mais pour savoir enfin et éviter qu'elle ne nous macule injustement. La vérité était préférable aux rumeurs qui se propageaient. On racontait que le clergé avait caché Touvier parce qu'il avait versé au Vatican de l'argent volé aux juifs. Le travail libre des historiens a permis de faire justice de ces accusations et de montrer qu'il n'y avait pas eu complot ecclésial ni conjuration occulte pour soustraire un homme à la justice. Plus simplement une conjonction d'initiatives imprudentes de la part de personnalités ecclésiastiques qui avaient une vision erronée de la charité.

Votre volonté de faire la vérité n'a pas provoqué l'enthousiasme de toute la chrétienté. On vous a même traité de « sale juif ».

L'inscription a été tracée sur les murs de l'archevêché. Fallait-il la considérer comme déshonorante? Elle se voulait telle. Je ne l'ai pas reçue ainsi. Une autre fois, j'ai lu sur ces mêmes murs que j'étais vendu à l'islam. Je ne dois pas plaire à tout le monde... Mais est-ce mon rôle de plaire? J'ai reçu nombre de coups de téléphone et beaucoup de lettres, souvent anonymes, pour me reprocher mon attitude. Reproches exprimés parfois en des termes très crus. Au point que mon secrétariat avait fini par ne plus me passer les communications ni me montrer les lettres tellement j'en étais affecté. Heureusement, j'ai reçu des soutiens de certains de mes frères et, en premier, du cardinal Lustiger. Mais beaucoup ont désapprouvé mon action. Sur le moment du moins, car ils redoutaient que l'Église soit affaiblie par cette plongée dans le passé. Elle en est sortie au contraire plus forte, lavée des soupçons injustes et apte à mieux réfléchir sur les erreurs à ne pas répéter. C'est à cela que peut, que doit servir l'effort de mémoire auquel je me suis toujours tant attaché : connaître le passé afin de ne pas le répéter et de changer l'avenir. Je crois que cela a été finalement compris. Du moins je l'espère...

Mais d'où vous vient cette sollicitude, cette préoccupation si particulière pour les juifs, au point que ceux de Lyon vous appellent « notre évêque ». C'est le fruit d'une maturation lente ou y a-t-il eu un événement particulier, un choc, une révélation qui vous a fait appréhender le judaïsme et les juifs d'une manière qui n'a que peu à voir avec celle de tant de vos collègues?

J'ai approché le judaïsme en Terre sainte. Six mois passés là-bas m'ont procuré des émotions fortes, mais sans commune mesure avec ce que j'ai ressenti à Auschwitz, lorsque je m'y suis rendu avec Mgr Lustiger. Jusque-là, je n'avais qu'une perception un peu théorique de l'extermination. Bien sûr, comme tout chrétien – du moins l'imaginais-je –, j'étais pendant la guerre contre les persécutions qui frappaient les juifs. Tout jeune, j'étais très antinazi et même très anti-Vichy. Il me paraissait abominable qu'on chasse les juifs de leurs maisons et qu'on les occupe. C'était une indignation un peu abstraite. Je n'avais jamais rencontré de juifs. Après-guerre, l'holocauste demeura encore longtemps, très longtemps théorique...

« Théorique » ?

Oh, c'était une abomination qui m'était déjà difficilement supportable. Quand je suis arrivé à Lyon en 1981, mon premier geste a été, au lendemain de mon intronisation, d'aller me recueillir sur les lieux tragiques où s'était exercée l'horreur nazie, puis une de mes premières visites fut pour le grand rabbin. Une année plus tard, je m'opposai à ce qu'un jésuite, très bon avocat au demeurant, prît la défense de Barbie, qui allait être jugé à Lyon. Les nazis avaient massacré les juifs. C'était abominable. Mais enfin, on a massacré aussi des Arméniens. On a massacré tout ce qu'on veut, c'est de l'histoire humaine, hélas. Et j'ai découvert quelque chose d'autre à Auschwitz, d'une manière si j'ose dire vitale, qui allait au-delà des chiffres. J'en ai été bouleversé pour toujours.

Ce quelque chose d'autre, c'est quoi?

Pour la plupart des gens, des chrétiens, des évêques même, Auschwitz est un très grand malheur parmi d'autres. Pour moi, c'est un malheur unique. Sans précédent. La Shoah. Une entreprise d'extermination totale des juifs, des vieillards comme des femmes et des petits enfants. De tous les juifs. Parce qu'ils étaient juifs. Avec l'appui de la « science » et de la technique. Avec un chef, Hitler, qui a été suivi. J'ai découvert la « bête immonde » : le nazisme.

Le diable?

Bon sang, mais comment ne pas croire au diable quand on voit cela : cette haine radicale contre le peuple juif. Justement, le peuple d'Abraham, d'Isaac, de Jacob, de Moïse, celui qui a accueilli le Messie. Certes, dans l'horreur des guerres, il est arrivé qu'on ait tenté de tuer des hommes, beaucoup d'hommes, de supprimer des peuples même. Mais qu'on ait voulu les détruire tous en décrétant qu'ils n'avaient pas le droit d'être ! Ce comble de l'abomination, cet avatar du combat de Lucifer contre l'Unique, n'a aucun équivalent dans l'histoire humaine. Aucun. Et ils portaient cet écusson : « *Gott mit Uns* », « Dieu avec nous »... La marque du diable. L'ordre du diabolique au-delà du naturel. Peut-être à cause de Dieu... Depuis cette découverte, je n'ai plus été le même. Je n'ai plus regardé les hommes de la même façon, ni les juifs, ni les chrétiens, ni mon Église.

Comment s'est faite, concrètement, cette prise de conscience ? Le cardinal Lustiger y a joué un rôle ?

Un rôle très important. Car c'est à travers lui que j'ai ressenti personnellement cette tragédie, puisqu'il est d'origine juive polonaise et que sa mère est morte à Auschwitz. Or, je l'ai accompagné là-bas, à sa demande et à celle de l'archevêque de Cracovie. Ce dernier avait en effet invité le cardinal Lustiger afin de préparer le second voyage du pape. Une idée intolérable pour lui qui me répétait : « Je n'irai pas, je n'irai jamais en Pologne. » La mort de sa mère l'avait tellement marqué...

Et pourtant il y est allé. Avec vous.

Nous sommes loin d'être en harmonie sur tous les sujets avec l'archevêque de Paris. On oppose fréquemment sa prudence de serpent et ma candeur irresponsable. Il n'empêche que, sur l'essentiel, nous sommes d'accord. Lustiger avait été sensible à certaines de mes prises de position publiques sur les juifs, alors qu'il s'estimait contraint à plus de réserve. Aussi m'a-t-il dit, en toute simplicité : « Si tu y vas, j'y vais. » J'ai répondu sans hésiter une demi-seconde : « Je viens avec toi. » Toutes affaires cessantes, nous sommes partis ensemble.

Jusqu'à Auschwitz?

Après la messe célébrée à Cracovie en l'honneur de Jean-Paul II, le cardinal Lustiger m'a demandé de l'accompagner à Auschwitz en me précisant : « Je n'irai pas dans le camp. L'épreuve est trop dure pour moi. Je resterai à quelques kilomètres de l'entrée, mais tu me représenteras. » Il a quand même trouvé les forces de rester avec nous jusqu'à l'entrée. J'ai vécu intérieurement, avec lui, ce chemin de douleur. Notamment lorsque nous sommes passés près de la gare et qu'il a dit : « Tiens, ma mère était là, dans ces wagons. » Sa mère et tant d'autres hommes, femmes, enfants, qui avaient disparu là; des parents, des proches d'êtres que j'avais pu rencontrer. Telle cette jeune juive qui m'avait raconté comment toute sa famille avait disparu dans les camps d'extermination. Il ne restait plus qu'elle. J'ai donc vu, vécu plutôt, Auschwitz comme quelqu'un qui, pourtant originellement aux antipodes, éprouvait dans sa chair la souffrance de ceux qui avaient perdu un proche. J'ai partagé au plus profond de moi leur souffrance autant que faire se peut.

Comment l'avez-vous manifesté ?

Nous sommes montés au mur, au grand mur du Souvenir, avec le père Dupuy et l'un des secrétaires du pape, Mgr Bakombo, et nous avons prié. A genoux, nous avons imploré le pardon pour cette abomination perpétrée ici et dans d'autres lieux similaires. Pendant ce temps, le cardinal Lustiger priait également dans la voiture.

Vous êtes repartis ensemble ?

Nous sommes partis ensemble en pèlerinage à Notre-Dame de Czestochowa. Dans la voiture, pendant une heure et demie, Lustiger n'a pas dit un mot. Il était en larmes. Pas un mot. Juste avant d'arriver, il m'a posé la main sur le bras : « Je n'oublierai jamais ce que tu as fait », m'a-t-il dit. C'était fini. Il était changé, apaisé après avoir traversé une aussi terrible épreuve. Il se montrait même détendu, joyeux. Moi aussi j'étais changé. Je partageais désormais ce poids, cette souffrance qu'il avait revécue.

Ce partage, qu'a-t-il entraîné pour vous?

Les chiffres me revenaient en tête : ces millions de morts, plus d'un million d'enfants! Tous les récits des survivants et des historiens, toutes les réflexions des intellectuels... Tout cela avait pris une autre dimension. J'ai eu besoin de m'informer plus encore. Et chaque jour davantage, aussi bien sur le judaïsme que sur les moyens techniques employés pour faire disparaître ces malheureux. L'effrayante organisation de ce système dans lequel il n'existe pas de « point de détail ». Les chambres à gaz sont plus qu'un rouage, un élément symbolique du génocide. Prétendre les nier, c'est n'avoir rien saisi, ou plus probablement ne rien vouloir saisir.

Vous vous êtes donc informé...

J'ai lu, encore et encore. J'ai demandé de l'aide à tous ceux qui pouvaient m'en apporter, en particulier ceux qui connaissent bien le judaïsme. Un effort intellectuel ininterrompu. D'ailleurs, je le poursuis toujours. De même que je persiste à m'entourer de conseils et que j'écoute attentivement ce que me disent mes amis juifs. Car, à partir de cette découverte charnelle d'Auschwitz, il est une question qui ne m'a jamais déserté : comment cela a-t-il été possible? Une question qui en entraîne d'autres. Car on ne peut tout mettre sur la part d'irrationnel, de méchanceté et de perversité qui est au cœur de l'homme. D'autres éléments sont à prendre en compte dont on ne peut plus faire, et dont on ne fait plus heureusement, l'économie, car ils entraînent des révisions déchirantes.

Vous pensez aux responsabilités de l'Église?

Je pense à l'antisémitisme des chrétiens depuis les débuts. Antisémitisme qui n'a rien à voir avec le nazisme mais qui exige un examen de conscience. Je pense à notre Église, à mon Église que j'aime, qui a commencé cet effort d'autocritique et qui doit le poursuivre. J'y pense avec beaucoup de désolation...

Votre prise de conscience est salutaire... mais tardive, pourrait-on vous objecter. Comment comprendre qu'il vous ait fallu attendre les années 80 pour appréhender l'unicité de la Shoah?

Il faut se garder de réécrire l'histoire à la lumière de ce que l'on sait aujourd'hui. Mais sans doute y avait-il ce couvercle de plomb des tabous, l'idéalisation inconsciente de la réalité, consciente peut-être chez certains, soucieux de ne pas entacher l'image d'une France résistante, héroïque et qu'on souhaitait rassemblée. Comme si la perception des fautes n'entraînait pas au contraire une lucidité salvatrice. Sans doute y a-t-il eu également ce silence effrayé de ceux qui avaient survécu, qui savaient, et que j'ai profondément ressenti plus tard. Cette solitude extrême parce que l'horreur, l'horreur sans nom, ça ne se partage pas. Voilà pourquoi se sont si longtemps tus ceux qui ont vécu l'indicible. C'est ce que j'ai tenté d'exprimer lors d'une conférence que j'ai prononcée à Strasbourg, à l'issue de laquelle Simone Veil m'a dit : « C'est la première fois que j'ai l'impression d'avoir été comprise dans mon silence. Ce soir, monsieur le cardinal, vous m'avez rendu la paix. »

Mais comment avez-vous pu vivre la guerre sans avoir une vision ou une intuition de cela ?

Je poursuivais mes études, et d'une manière très studieuse, au séminaire. Nous étions un peu à l'écart du monde, je n'étais qu'un membre ordinaire de mon Église.

Ni mon père ni ma mère ne se sont jamais intéressés aux juifs. Nous n'en fréquentions pas. Pour moi, Jésus était juif, Marie était juive, Joseph était juif, les apôtres étaient juifs. Ces juifs ont accueilli le Messie et ils sont devenus chrétiens. Je n'allais pas plus loin dans ma réflexion.

Pourtant vous étiez contre l'occupation allemande et contre Pétain, alors qu'une partie de l'Église manifestait des complaisances certaines pour la collaboration...

Pas toute l'Église, puisque au séminaire même, à Lille, la majorité des professeurs étaient résistants. Ils ont abrité des parachutistes anglais, ce que nous avons appris plus tard. Notre région avait été occupée deux fois déjà, les Allemands représentaient l'ennemi. Rares étaient les familles qui n'avaient pas souffert. Particulièrement du conflit de 14-18. Mon père avait fait sept ans de guerre puisque, après ses trois années de service militaire, il avait été mobilisé en 1913. Mon oncle avait été tué. Je n'ai pas songé un instant qu'il soit possible de pactiser avec cet occupant. Il n'était pas à sa place. Il fallait qu'il s'en aille.

Qu'est-ce que la guerre a changé dans votre vie?

Au début, pas grand-chose. J'étais au petit séminaire en septembre 1939. Je travaillais. Quelques enseignants ont été mobilisés. Ainsi que mon père, à qui on a donné une voiture pour qu'il aille ramasser des pigeons voyageurs, utilisés alors comme « agents de liaison ». Il avait revêtu son uniforme de sergent et il revenait tous les soirs à la maison. Rien de dramatique. Nous ne réalisions pas ce qui se passait.

Quand avez-vous réalisé?

Lors de l'invasion allemande de mai 1940. Nous avons pris la fuite comme tout le monde. Notre famille s'est entassée avec quelques valises dans un petit camion que je suivais à vélo. Avec la force de mes dix-sept ans, je pédalais comme un forcené, mais nous n'avons pas dépassé trente kilomètres. Les blindés allemands nous ont rattrapés. Nous sommes rentrés deux jours après. La maison avait été frappée par un obus, des meubles avaient été volés. Ma mère s'est mise à pleurer devant le désastre. Mon père a dit qu'il fallait tout remettre en place et la vie a repris. Je suis retourné au petit séminaire d'Haubourdin pour effectuer ma classe de terminale. Mon quotidien, studieux, n'a subi des modifications que plus tard.

De quelle façon?

Au bout d'un an, au grand séminaire de Lille, les privations ont commencé à se faire sentir cruellement. Topinambours, rutabagas, navets... Nous ne mangions pas à notre faim. J'en garde aujourd'hui encore le plus mauvais des souvenirs. Et puis, il y avait l'occupation. Les Allemands nous ont envahis avec discrétion jusqu'en 1942. A partir de cette année-là, les choses ont changé; la guerre a pris une autre réalité que celle des privations.

Qu'est-ce qui vous a marqué?

Les bombardements anglais d'abord. Nous étions un peu inconscients et nous grimpions au sommet de l'immeuble afin de ne rien perdre du spectacle. Nos maîtres mirent fin à ce jeu très dangereux puisque les bombardiers anglais visaient une gare de triage voisine du séminaire. Nous ne sortions plus, ensuite, qu'une fois les bombardements terminés, afin de prêter main-forte aux sauveteurs. Ce n'était pas après les Anglais que nous en avions, mais après les Allemands. Je ne faisais pas alors la différence entre le nazisme et le peuple allemand. Encore que j'avais été très impressionné par le massacre d'Ascq, près de Lille : une trentaine de civils avaient été abattus, ainsi qu'un prêtre. La guerre prenait pour nous une dimension tragique que renforçaient les nouvelles envoyées par les séminaristes et les prêtres emprisonnés. Nous leur confectionnions des paquets.

Nombre de vos enseignants résistaient et vous-même, qui aviez vingt ans, vous ne songiez pas à passer dans la clandestinité, dans la Résistance?

Je ne songeais pas à prendre les armes. Aider les prisonniers, oui. Faire ce qu'il fallait. Mais, pour être honnête, je n'ai pas le tempérament d'un héros. L'idée de risquer ma vie ne m'est pas venue. Par contre, j'ai songé à me sauver, à échapper à l'Allemand quand j'ai été menacé de réquisition. Je ne tenais absolument pas à aller en Allemagne. A la vérité, toute ma vie, toute notre vie dans la maison était organisée autour des études.

Malgré des événements aussi forts?

J'ai été relativement étranger aux grands événements du monde pendant ces quelques années. Je crois que cela faisait partie de la pédagogie de ces messieurs : « Il ne faut pas, pensaient-ils (même ceux qui résistaient activement), que les séminaristes soient trop troublés par ce qui arrive à l'extérieur. Qu'ils s'occupent de leurs études, de leurs travaux. » Nous étions préservés. J'ignorais les faits de résistance. J'ignorais ce qui se passait en zone occupée. On nous protégeait.

Vous étiez placé sous... cloche?

Voilà. Un peu. Surtout jusqu'en 1943. Les événements se déroulaient en dehors de nous. Mais ils finissaient tout de même par nous atteindre. Nous ne pouvions échapper totalement à leurs répercussions. Ainsi pour les réquisitions du Service du travail obligatoire (STO), je m'étais procuré une fausse carte d'identité et j'étais décidé à passer dans la clandestinité si les Allemands raflaient la classe 23, ma classe. La classe 22 fut touchée. J'attendais. Prêt à m'enfuir. Je me serais sauvé dans l'Aisne et aurais été un résistant héroïque... sans le savoir.

Une partie importante des évêques, complice du régime de Vichy, a poussé aux départs en Allemagne. Vous l'avez su?

Le cardinal Liénart, que j'admirais beaucoup pour son ouverture et son courage, a prononcé du haut de la chaire de Saint-Maurice un discours que j'ai mal pris, comme beaucoup : « Pour ce qui est du départ en Allemagne, a-t-il dit, ceux qui sont invités à partir doivent y aller afin que les plus pauvres et les ouvriers ne se retrouvent pas seuls mobilisés. » Alors, comme cet engagement venait de lui, si respecté et respectable, beaucoup sont partis par générosité apostolique. Mais les professeurs nous ont fait savoir en tête à tête que, malgré leur estime pour le cardinal, ils ne pouvaient en conscience être d'accord avec lui, qu'il n'avait aucune autorité pour nous exhorter au départ. Mon propre père spirituel m'a dit que si j'étais réquisitionné, il ne fallait pas que je parte. Alors si les autorités ecclésiastiques ont poussé majoritairement dans le mauvais sens, à de très notables exceptions près, telle celle du cardinal Gerlier, gardons-nous de jeter l'opprobe sur l'Église dans son ensemble.

Ce sont pourtant vos chefs, les guides en principe éclairés, qui ont failli dans leur majorité. Comment réagissiez-vous alors?

Le comportement de certains évêques inféodés au régime de Pétain m'a rendu, ainsi que nombre de professeurs, très, très malheureux. Nous ne comprenions pas que notre évêque persiste à ne voir en Pétain que le vainqueur de Verdun. Même avec Laval à ses côtés. Il était hostile à Laval, mais s'imaginait que le Maréchal jouait double jeu.

Moi, en partie par tradition familiale, en partie à cause de mes professeurs, j'étais contre.

Contre quoi?

Contre Pétain. Contre l'occupation. Mais il était très loin, le nazisme. Je n'avais pas réalisé l'horreur nazie.

Que certains de vos évêques défendent Pétain vous troublait, mais qu'est-ce qui vous était insupportable à travers Pétain?

La capitulation, essentiellement. Il fallait suivre de Gaulle et rejoindre l'Angleterre. C'était un peu confus en moi, mais j'avais une énorme sympathie pour le camp de la liberté, pour les Anglais. Il ne fallait pas les lâcher. Le sabordage de notre belle flotte à Toulon m'avait consterné. On devait se battre contre les envahisseurs. Dès 1940-1941, nous attendions cette libération. De loin, certes, nous résistions, mais sans activité.

L'idée même d'avoir recours à la violence pour chasser l'occupant n'était pas une idée qui vous choquait?

Non, elle ne me choquait pas. Je ressentais tout cela d'une manière très simple : les Allemands n'ont pas à être là. Leur présence est abominable. Il faut qu'ils s'en aillent. Mais les moyens pour les faire partir, je ne les voyais pas.

Cela ne vous choquait donc pas que des hommes se battent contre les envahisseurs?

Certes, non. Au contraire, même. A condition qu'ils se battent d'une manière efficace. Faire sauter des trains et des rails, oui. Préparer une armée qui aurait chassé l'envahisseur, oui encore. J'imaginais une guerre relativement claire. Une armée a envahi le pays : elle a eu tort. Il faut la chasser. Pour la chasser, il doit y avoir une autre armée.

Vous auriez pu prendre les armes, tuer un soldat allemand?

Je ne sais pas. L'occasion ne s'est pas présentée. Jamais je n'ai eu un homme au bout de mon fusil. Je ne crois pas que je pourrais tuer. Sauf cas, évident, de légitime défense.

Depuis cette époque, vous avez dû souvent être confronté à cette question : comment vous, homme d'Église, homme d'amour et de paix, pouvez-vous accepter qu'on puisse répondre à la violence par la violence?

C'est une question difficile, complexe. Parce que la pensée a évolué et, si l'on peut dire, les moyens de faire la guerre également. Ils ont pris une ampleur démesurée. Avec les seules armes nucléaires des États-Unis ou de la Russie, on peut faire sauter la planète entière. La faire sauter dix fois. Alors, devant ce phénomène, un conflit nucléaire ne doit pas être envisagé. Je crois que la guerre ne peut être légitime que si elle vise à faire cesser une injustice pire encore que les moyens qu'elle emploie et que les désastres qu'elle va engendrer. Ce qui exclut que soient utilisées des armes démesurées, des armes dont l'effet est tel qu'il dépasse la raison.

Vous aviez dit pendant la guerre du Golfe entreprise par les Américains pour libérer le Koweït qu'il valait « mieux une guerre que le déshonneur ». Ce qui vous a été beaucoup reproché...

Ma phrase exacte, qui a été tronquée, était : « Mieux vaut la guerre que le déshonneur et que l'injustice. » On m'en a fait très fortement reproche. Comme si j'étais un va-t-en guerre ! Je crois que, peu à peu, la conscience évolue. Mais il faut se rendre à l'évidence : dans le contexte humain où nous sommes, je ne pense pas que l'on puisse renoncer à l'utilisation d'armes.

Vous dites qu'il ne faut pas employer d'armes nucléaires. Il faut donc éviter la prolifération. Mais avec le recul, n'est-ce pas la possession de la bombe atomique qui a assuré à la France d'aussi longues années de paix?

Je ne suis pas hostile à la dissuasion. A mes risques et périls, certes, puisque celle-ci peut toujours cesser d'opérer. Mais il semble avéré qu'elle a empêché des guerres. Je ne me sens pas autorisé à proclamer de haut, de loin : « Remplacez vos armes par des charrues... » C'est trop facile.

Et lorsqu'une polémique éclate sur la nécessité ou non de reprendre les essais nucléaires, vous vous sentez autorisé à intervenir?

Je m'en remets à la relative sagesse de ceux qui nous dirigent. Malgré leurs divergences, ils ont fini par s'entendre sur cette question. Eh bien, Dieu soit loué! Quant à savoir s'il faut ou non reprendre les essais nucléaires, j'avoue que je n'en sais rien. Mais s'il apparaissait que cette reprise entraîne un inconvénient majeur pour l'homme, alors il faudrait s'en abstenir.

Nous voilà fort éloignés de notre propos : l'antisémitisme de l'Église, la complicité de l'épiscopat avec le régime de Vichy et...

Attention à ne pas tout mélanger. La complaisance de certains évêques envers la révolution nationale du maréchal Pétain ou même envers la collaboration a pu être manifeste et j'en suis encore rétrospectivement bouleversé. Comment ont-ils pu se montrer aussi aveugles? Mais l'antisémitisme actif, je ne l'ai pas perçu à l'époque.

L'enseignement que vous avez reçu n'en comportait pas de trace?

Dans mon église, non. A part, peut-être, la caricature habituelle, « les juifs près de l'argent », « le génie de Rothschild ». Autrement, non. Je n'ai jamais perçu de traces d'antisémitisme, que ce soit dans l'enseignement de mes professeurs ou dans les propos de mon vieux et cher curé qui ne savait même pas ce que cela voulait dire. Moi non plus. Ça m'a totalement échappé à l'époque. Alors même que s'était développé un antisémitisme terrible à la fin du siècle précédent et au début du nôtre.

Pourquoi cela vous a-t-il échappé?

Parce que j'étais un campagnard peut-être... Et puis, au petit séminaire comme au grand, jamais il n'a été question d'antisémitisme. Jamais! Enfin, rappelez-vous ce que je vous ai dit : la guerre n'a pas touché mon émerveillement devant ce que je découvrais. Tout cela était tellement extraordinaire : la théologie, les Écritures. J'apprenais et je m'apprêtais à servir Dieu, à me consacrer à Lui comme aux hommes. Ce que je vivais et avais à vivre était sérieux et m'absorbait presque complètement. Ma conscience était tout entière tournée vers cet objectif. Dans les séminaires, petits et grands, de l'époque on était tenu à l'écart du monde. Ce n'est que beaucoup plus tard que j'ai découvert l'antisémitisme des chrétiens.

Comment?

Lorsque j'étais évêque de Dijon, le rabbin m'invita, en 1975, à célébrer le centenaire de la synagogue. Avant de m'y rendre, je décidai de lire tout ce qui s'y rapportait. Je fus effaré, tant par les écrits de l'évêque de l'époque que par ceux des chrétiens qui, tous, s'opposaient à la construction de la synagogue. Pour les raisons les plus basses. Ainsi mes propres frères avaient été emportés par la vague antisémite qui a déferlé au siècle dernier. Une vague dévastatrice quand on relit ces éditoriaux publiés par *La Croix* lors de l'affaire Dreyfus et que le journal a eu l'honnêteté de republier au moment du centenaire. Tout cela provoque l'écœurement, mais il fallait aller au-delà, essayer de se parler, de comprendre...

De comprendre les racines de cet antisémitisme chrétien, de voir d'où il vient?

Il vient de loin, de très loin. Des Pères de l'Église même, de ce patriarche de Constantinople que je vénère et qui a écrit pourtant des choses incroyables sur les juifs, toujours accusés d'avoir crucifié le Messie. Peut-être y a-t-il eu une concurrence politique qui expliquerait semblables dérives. Elles n'en restent pas moins inacceptables.

A votre avis, l'Église a-t-elle suffisamment tiré au clair son rapport avec l'antisémitisme, la montée des idées antisémites en son sein?

Non. Je suis étonné que mon Église n'ait pas plus vite et plus profondément considéré cette question. Heureusement, depuis cinquante ans, les progrès sont tels que, espérons-le, la clarification sera effectuée pour le deuxième millénaire. En même temps qu'un véritable rapprochement entre juifs et chrétiens. Là aussi, nous avons si bien progressé ces cinquante dernières années par rapport aux deux millénaires qui précèdent qu'on peut espérer parvenir à une véritable entente. Je crois tellement en sa fécondité.

Pourquoi l'Église a-t-elle si longtemps contribué à l'antisémitisme?

C'est pour moi profondément mystérieux. Je ne comprends pas. Je ne comprends pas, par exemple, pourquoi cette fameuse reine d'Espagne, Isabelle la Catholique, a décidé au XIIIe siècle que tous les juifs devaient quitter l'Espagne ou se convertir. Pourquoi? Mon Dieu, je ne peux pas répondre...

Et si le catholicisme était intrinsèquement antisémite?

Impossible. Inepte. C'est le contraire qui est vrai. Très profondément, le catholicisme est le fils du judaïsme, même s'il n'a pas voulu le reconnaître. Sans doute a-t-il longtemps été impossible pour l'Église de reconnaître publiquement de qui elle était la fille. Pourtant l'apôtre Paul le disait déjà lui-même : « Les juifs? Mais ce sont nos pères!... »

Alors que répondez-vous à ceux qui, chez vous, répètent encore : « Ils ont crucifié le Christ »? Vous répondez que ce sont tous les hommes?

Bien entendu. Ils étaient nombreux à être là. Il y avait des Romains, il y avait des juifs. Il fallait bien qu'il y ait quelqu'un. Ils étaient tous juifs ou romains! Ce n'est pas une raison pour massacrer les juifs... ou les Romains. C'est l'humanité qui a crucifié Jésus, voilà le sens pour moi. Les hommes, y compris les apôtres, ont refusé le message du Messie et ils l'ont martyrisé, jugé avec le tribunal de l'époque, torturé avec les instruments de l'époque, crucifié avec les moyens de l'époque.

Comment réagissez-vous à cette phrase de Pascal : « Il est nécessaire pour la preuve de Jésus-Christ que le peuple juif subsiste pour le prouver et qu'il soit misérable puisqu'ils l'ont crucifié »?

Je réagis mal! Ce n'est absolument pas ça. Enfin, Pascal a proféré lui aussi quelques monumentales âneries, y compris contre les jésuites. Mais là, il s'agit d'une ânerie et, en même temps c'est autre chose, c'est plus qu'une ânerie. Le propos est idiot en l'occurrence, mais ils pensaient tous comme cela à l'époque. D'une certaine façon, Pascal exprime bien l'opinion commune. Même à la Révolution, les juifs étaient considérés comme à part. Ce n'est pas Pascal, ça...

Alors pourquoi cette permanence dans l'exclusion? Pourquoi...

Pourquoi cette tragédie depuis tant et tant d'années? Pourquoi tant d'incompréhension? Pourquoi les tortures? Pourquoi les pogroms? Pourquoi les persécutions? Pourquoi le génocide? Il me semble que cela a un sens, mais tellement profond, tellement mystérieux. Je crois que les juifs auront toujours un sens.

Lequel?

Peut-être celui de rappeler au monde le Dieu unique et le décalogue de Moïse qui est le nôtre. De rappeler aussi d'où ils viennent et aux catholiques, en particulier, de qui ils sont les fils. Voilà pourquoi l'antisémitisme n'est pas un racisme semblable aux autres. Il vise ceux qui portent le nom du Dieu de l'Alliance. Voilà pourquoi je le ressens comme me mettant en cause, nous mettant en cause, nous les chrétiens, nous tous les hommes.

Certains essayistes établissent un lien entre l'antisémitisme catholique et l'antisémitisme hitlérien.

Ces antisémitismes sont radicalement différents. Radicalement. Qu'il y ait eu des coexistences momentanées, cela est possible. Que des conjonctions se soient établies entre l'antisémitisme populaire et l'antisémitisme des nazis, cette horreur abominable, c'est probable. Notamment en Pologne. Mais la différence est radicale.

En quoi?

D'un côté, nous avons un racisme, hélas, banal. Un rejet de l'autre, du différent. La recherche d'un bouc émissaire pour se décharger du malheur et de la culpabilité. Un anathème, une exclusion qui peut être populaire ou mondaine : on n'aime pas les juifs, comme on n'aime pas les Arabes, les banlieusards si l'on est citadin, les Parisiens si l'on est marseillais. Ou encore les patrons, les hommes politiques, que l'on accuse de se mettre de l'argent plein les poches. Alors, qu'il se soit développé un antisémitisme de cette nature comme il a pu y avoir un anticatholicisme qui poussait certains à croasser à l'approche d'un curé, j'en conviens volontiers. Mais sur le fond, ça n'a rien à voir avec la conception et l'organisation de la « solution finale ».

Il y aurait un antisémitisme « superficiel » ?

Superficiel par rapport à l'autre, oui. Cela ne veut pas dire qu'il ne soit pas odieux, qu'il ne faille pas, et de toutes ses forces, lutter contre lui. L'effort, là, ne saurait être que de chaque instant, mais il échouera si l'on met tout sur le même plan. Il y a bien une spécificité de l'antisémitisme nazi qu'on ne saurait confondre avec toutes les manifestations d'intolérance, au risque de le banaliser. Tenez : est-ce qu'on viendrait m'accuser d'antisémitisme à rebours si je soulignais la particulière excellence des juifs ?

Que répondriez-vous à votre question ?

Qu'il y a des juifs fort différents les uns des autres. Que je n'aime pas en parler parce que j'ai l'air d'établir une distinction raciale alors qu'il n'y a pas de distinction raciale. Mais qu'il faut reconnaître que Bergson est juif, et Spinoza, et Mendelssohn, et Freud. Cette excellence existe donc bien. Peut-être parce qu'ils ont dû beaucoup travailler, parce que l'histoire, cruelle, les y a obligés ? Peut-être. Je n'ai pas de réponses toutes faites. Je cherche, je lis, j'écoute. J'ai l'impression que cette réflexion que je poursuis pourtant depuis des années n'en est qu'à son commencement.

Au fond, vous avez toujours dans la tête l'idée que votre Église a quand même quelque chose de lourd à se faire pardonner ?

Oui. Nous avons à demander pardon. Pas mon Église seulement. Disons plutôt les chrétiens. Car nos amis protestants ne se sont pas montrés plus brillants sur ce point. Ce qu'a écrit Luther sur les juifs, ce n'est pas mieux que ce que l'on retrouve dans les textes de nos prélats d'autrefois.

Qu'avez-vous exactement à vous faire pardonner? L'antisémitisme passé? Le silence complice du Vatican et d'une partie de l'épiscopat français pendant que les hitlériens exterminaient les juifs?

Oh! Tout cela et tant d'autres manifestations de ce qui relève de notre péché majeur. Je pense que notre péché majeur est de l'ordre de l'oubli. De ce que nous devions aux juifs et de ce qu'ils étaient. Ces hommes vivaient la loi prescrite par Dieu à leur manière. Mais ne me faites pas dire que je n'ai pas envie, avec tout le respect que je ressens pour ce qu'ils sont, qu'ils découvrent le Messie.

Et la place, considérable, que vous réservez à la Vierge Marie, et qu'ils lui refusent?

Ah! Marie, il est vrai qu'elle est essentielle pour nous. Et pas que pour nous. Luther la vénérait comme modèle de foi. J'ai appris, en lisant le Coran, qui est sur mon bureau, qu'elle était également vénérée par les musulmans. Alors qu'elle ne l'est pas, c'est exact, par les juifs. Ils ne vont pas jusque-là. Son adhésion est pourtant une adhésion de juive, de fille qui connaît très bien les Écritures. Elle est à la charnière, et là a lieu la rupture avec nos amis juifs.

Une rupture irrémédiable?

Il faut le leur demander. Mais je n'accorde pas trop d'importance à cette rupture. Nous avons tellement de points communs. Je me sens beaucoup plus près théologiquement des juifs, même s'ils refusent la Vierge et le Messie, que de mes amis musulmans que je rencontre de plus en plus fréquemment et qui considèrent Jésus comme un prophète. Il y a de très beaux livres d'auteurs juifs sur Jésus.

Mais pourquoi êtes-vous sur le plan religieux beaucoup plus proche des juifs que des musulmans? Cela reste obscur.

Nous partageons l'adoration du Dieu unique, même si beaucoup nous accusent de ne pas y croire, à cause de la Sainte Trinité, la triple personne de cette nature unique. Avec les juifs, l'accord va beaucoup plus loin qu'avec les musulmans. Nous avons en commun toutes les Écritures, jusqu'à Jésus. Ils vénèrent ce qu'a dit le prophète Isaïe? Moi aussi. Ils vénèrent ce qu'a dit Moïse, ce qui était écrit? Moi aussi. Alors l'intelligence est en un sens la même, avec une différence.

De taille !...

De taille, je vous l'accorde, mais elle reflue. Je crois que le Messie qui était annoncé depuis le début, ce Messie est venu. Eux n'y croient pas. Je ne sépare pas les Écritures juives et chrétiennes. J'y vois de semblables clartés obscures. Il nous faut donc poursuivre.

Poursuivre quoi ?

Poursuivre les rapports fraternels avec les juifs et poursuivre notre recherche ensemble. Notre combat commun contre tout ce qui va contre le Dieu de l'Alliance.

Par rapport au respect que vous manifestez ostensiblement pour les juifs, à votre volonté de dialogue acharnée, vous n'avez pas trouvé le pape Jean-Paul II un peu timoré ? Quand l'on songe à toutes ces années d'attente avant que le Vatican reconnaisse l'État d'Israël...

Je suis content qu'il l'ait reconnu. C'est bien. Bon, j'aurais préféré que cela arrivât plus vite. Mais il faut distinguer le pape lui-même et puis l'ensemble de ceux qui aident à prendre une décision. Le Vatican, c'est une monarchie, en un sens, très éclairée. Ainsi Jean-Paul II avait-il la ferme résolution de se rendre à Sarajevo. Mais tout son entourage, inquiet pour les risques, et puis l'ONU par-dessus le marché, l'en ont dissuadé.

La comparaison entre Sarajevo et le ghetto de Varsovie, vous la faites vôtre?

Certes non. Il est pénible d'établir une hiérarchie dans l'horreur. Ce qui a été infligé aux habitants de Sarajevo, ce qui l'est encore, est horrible. Mais ceux qui comparent ainsi avec le ghetto de Varsovie ne savent pas. Je me demande parfois si l'on pourra jamais savoir, entendre ceci : il y a eu une spécificité dans l'épreuve qu'ont subie les juifs...

Revenons à la reconnaissance de l'État d'Israël...

Je l'avoue : j'ai trouvé que c'était long à venir. Enfin, l'essentiel est que cela ait été accompli, que l'on avance. Mais à Rome, on avance lentement. On a du temps.

Vous pensez qu'il sera possible de parvenir à un accord à propos du statut de Jérusalem?

L'essentiel est que l'on puisse y prier librement. Que l'on soit juif, cela va sans dire, puisque c'est Salomon qui a établi le Temple, musulman ou chrétien. Pour moi, Jérusalem est d'abord ville religieuse. Je suis persuadé qu'on doit arriver à un accord, à un statut d'extra-territorialité où l'ordre soit assuré par l'autorité géographiquement la plus proche.

Vous connaissez bien Jérusalem?

J'y ai passé six mois en 1955 afin d'approfondir mes études de théologie. Six mois très émouvants. Car Jérusalem, pour moi, c'est la présence du Christ. Quand je suis arrivé, j'ai posé mes bagages et je suis immédiatement monté à pied au Saint-Sépulcre pour m'agenouiller dans « le » lieu où Jésus est mort. J'ai alterné ensuite : un jour au Saint-Sépulcre, le lendemain je gravissais le mont des Oliviers. Je revivais l'époque, l'histoire de Jésus qui m'est devenu à cette occasion encore plus réel, encore plus humain, encore plus présent.

Il y a des gestes symboliques que vous espérez du pape ou dont vous pourriez vous-même prendre l'initiative?

Au niveau du pape, je ne sais. A mon niveau, je ne vois pas. En tout cas, je suis prêt. Mais je tiens pour essentiel à l'entente avec les juifs que nous soyons parvenus, après cinq années de dialogue difficile, à ce que les carmélites quittent Auschwitz où elles avaient installé un couvent. J'ai employé toutes mes forces afin d'obtenir ce départ.

Pourquoi vous, précisément?

Parce que le cardinal Lustiger, en raison de ses origines, ne pouvait pas monter en première ligne, ce qui était compréhensible. Parce que j'entretiens des relations étroites avec le judaïsme et les juifs. Que des carmélites prient dans un camp d'extermination, personnellement, cela ne me dérangeait pas. Ce qui me dérangeait, c'est que cette présence était très blessante pour les juifs. Je ne voulais pas qu'ils soient blessés par nous. Or, ils l'étaient. Je l'ai compris vite et Lustiger encore plus vite. Il était blessé, comme juif.

Pourquoi cette blessure?

Parce qu'en ce lieu, précisément, il ne fallait pas qu'une religion, et notamment la religion catholique, prétende à une expression priviligiée. Il fallait en quelque sorte qu'il n'y ait rien. Que ce lieu soit le lieu du silence. Certes, cela ne nous empêche pas de nous recueillir dans ce camp de la mort. Au contraire. Que nous, chrétiens, allions y chanter nos cantiques, très bien. Que tous les hommes de toutes les religions y fassent entendre leurs prières, très bien encore. Mais Auschwitz ne peut être monopolisé par quelque religion que ce soit. Aucun édifice, aucun signe ne doit pouvoir le laisser croire.

Il s'agissait en plus de la religion catholique...

Oui. Celle qui dominait et domine la Pologne. Pour les juifs qui en avaient tant souffert, ce carmel représentait une sorte de permanence de la mentalité antisémite qui fut celle d'une forte partie des habitants de ce pays. Le pape ne l'a pas immédiatement compris. Aucun Polonais ne l'a compris sur le coup. Moi-même, j'ai mis un certain temps à saisir cette dimension.

Qu'est-ce qui vous l'a fait comprendre?

Ils me l'ont dit. Je ne savais pas. Nous ne savions même pas que les carmélites, qui sont si chères à mon cœur, avaient, très paisiblement, établi un carmel pour prier. Un carmel, c'est humble. Elles voulaient prier pour ceux qui étaient morts là et, notamment, les chrétiens. Parce qu'à Auschwitz, ceux qui avaient été mis à mort étaient en partie des Polonais. En elle-même, l'idée n'était pas mauvaise. Mais à partir du moment où elle choquait, où elle blessait profondément, il fallait bien évidemment faire marche arrière. Moi, je ne vais pas ériger une chapelle chrétienne dans un cimetière juif. Même si je suis pour la chapelle chrétienne.

Pourquoi a-t-il fallu tant de temps pour leur faire entendre raison?

Parce que les carmélites ne se sont pas rendu compte que c'était le lieu de l'holocauste. Le cardinal Glemp, archevêque de Varsovie, comme nombre de ses collègues, n'a pas perçu que ce lieu était symbolique de « cette abomination de la désolation », dc l'extermination des juifs, le drame des drames. Certains ont tenté de m'expliquer : « Il y a eu autant de chrétiens polonais que de juifs assassinés ici. » Je leur répondais : « Ce ne sont pas les chiffres qui comptent, c'est autre chose. » Le Saint-Père l'a compris vite.

Vite ?

Oui. Mais il espérait que les choses se règlent à l'amiable. Il souhaitait que les carmélites s'en aillent d'elles-mêmes et le leur a fait savoir par plusieurs ambassades. Sans résultat. J'avoue que moi-même je désespérais et que ce sont certains amis juifs, tel Théo Klein, qui m'ont encouragé à ne pas baisser les bras.

Vous avez fait pression sur le pape ?

Je l'ai vu. Sur le fond, nous étions sur la même longueur d'ondes. Il a fini par écrire une lettre aux religieuses pour leur demander de quitter le carmel. Ce qu'elles ont fait. J'espère qu'elles ont compris, elles aussi...

Après Auschwitz, après l'holocauste, vous comprenez également qu'on puisse remettre Dieu radicalement en cause ?

Oui, je le comprends. A la limite, je pense que dans la foi de mon enfance il me paraissait normal de croire en Dieu. Maintenant, cela m'apparaît au-delà du normal. Anormal. Surnaturel : c'est trop théologique.

Mais que leur répondez-vous, à ceux qui vous disent qu'« après de tels événements il leur est impossible de croire en un Dieu qui a pu laisser commettre une telle abomination » ?

Rien. On ne peut croire en Dieu après Auschwitz que moyennant un abandon et sous la forme interrogative : « Mais qui es-tu, oh ! mon Dieu auquel je crois ? » Pourquoi Auschwitz ? Pourquoi y a-t-il eu cette volonté de faire disparaître ce peuple dont le seul crime était d'exister ? Ce peuple qui, justement, était celui de la Promesse.

Tout cela vous obsède.

Cela me hante. Je conserve un souvenir épouvanté d'Hitler, de Pétain, du fascisme.

Ce qui explique que vous vous soyez opposé au président du Front national, Jean-Marie Le Pen, qui a fait de vous une de ses bêtes noires ?

Je me suis opposé à lui parce que je voyais se profiler derrière lui l'ombre du fascisme. Mais j'accepterai de le rencontrer, de parler avec lui, alors qu'il est tellement loin de ce que je suis et de ce que je pense.

Vous trouvez Philippe de Villiers plus recommandable ?

L'ombre du fascisme n'est pas derrière lui. C'est un héritier. La passion qui l'habite est marquée par le sol. Il n'est pas inintelligent, mais je ne lui confierai pas le gouvernement de la France. Enfin, je ne le connais pas.

Vous accepteriez de le rencontrer, lui aussi?

J'accepte de parler avec tout le monde. Je vois Raymond Barre, Édouard Balladur, François Bayrou, Michel Noir, Alain Mérieux... Tous les hommes politiques qui le souhaitent. Même les communistes. Je reçois fréquemment des responsables du PC, comme Francette Lazard. J'ai beaucoup de sympathie pour eux et je pense que c'est réciproque, même si un abîme nous sépare. Je n'ai jamais vu des êtres dont la « foi » soit si infaillible, avant comme après la chute du mur de Berlin.

Vous, l'homme de Dieu, vous êtes aussi un combattant de la démocratie!

Je crois en la démocratie. Vous verrez qu'en Italie elle finira même par changer Silvio Berlusconi... Je crois en un système où l'homme peut dire ce qu'il pense, tout ce qu'il pense. Sauf en cas d'incitation à l'assassinat. Je pense qu'il faut faire le pari sur la liberté de l'homme, sur sa bonté.

TROISIÈME PARTIE

LA MORALE

« Vous êtes la voix des sans-voix. »

JEAN-PAUL II au CARDINAL DECOURTRAY

Pendant plusieurs années, on a perçu en vous le progressiste, « l'évêque rouge » même pour certains. Vous n'avez pas hésité à apporter votre soutien aux immigrés, aux jeunes des banlieues en général, aux prisonniers et...

Et aux prostituées aussi. Je soutiens leur association, le Nid.

Vous vouliez, vous voulez être « la voix des sans-voix » ?

C'est un des rôles de l'Église. J'y apporte modestement mais avec détermination ma pierre. Je me bats volontiers pour un meilleur respect de l'homme. Pour que les lois progressent en ce sens, pour qu'une action efficace soit entreprise, enfin, contre l'exclusion.

Célébrer une messe de Noël à la prison Saint-Roch, donner la parole aux familles de prisonniers sur Radio-Fourvière, la radio liée à l'archevêché, pour certains vous avez un côté « provoc » un peu trop prononcé...

Je suis du côté de la loi mais aussi de l'amour. Je suis allé témoigner pour un voleur qui n'avait commis « que » dix cambriolages. Il avait déjà subi dix-sept années de prison. Je lui avais rendu plusieurs visites et il m'avait paru très bien. Quelle candeur infantile, direz-vous! Qu'allait faire l'évêque devant ce tribunal? Témoigner de ce que l'on ne doit pas désespérer d'un frère coupable, qu'il faut donner une chance à tout homme, que le système carcéral est insupportable.

Vous êtes aussi proche des puissants.

Il faut être proche de ceux qui exercent les responsabilités, ne serait-ce que pour les inciter à faire évoluer les lois. Mais qu'on ne s'égare pas non plus : je ne demande pas par exemple à ce qu'on laisse rentrer en France cinquante millions d'immigrés, ce qui serait stupide. Je demande à ce que les textes législatifs prennent l'homme en considération, qu'ils ne se transforment pas en machine à exclure des êtres qu'on finit par priver de tout, même d'espérance, comme les immigrés. Mais il n'y a pas qu'eux.

C'est-à-dire?

Regardez les handicapés : ils ont été longtemps exclus sans qu'on le sache et sans qu'on veuille le savoir. Il en a fallu des efforts pour faire bouger les choses... Même chez nous. Dans les églises, maintenant, on a aménagé les lieux pour que l'accès leur soit facilité. Dans la construction des maisons, désormais, on tient compte de leur existence, de leurs besoins. Tout n'est pas résolu. Mais nous écoutons leurs requêtes. Nous nous engageons avec d'autres, croyants ou non. Et c'est bien ! Mais il est encore tant d'autres combats que nous menons ou qu'il nous faudrait mener...

Par exemple ?

Eh bien, regardons, pour une fois, du côté de l'enseignement catholique à l'école. Les lois ont beaucoup progressé depuis trente ans. Mais elles devraient progresser encore quelque peu.

Vous souhaiteriez qu'on laisse plus de place au catéchisme ?

D'une part. Mais cela, c'est déjà en route. Ce qui me préoccupe et me mobilise, ce sont les lacunes de l'enseignement public. On ne peut pas devenir véritablement un citoyen de notre pays si l'on ignore la religion. Comment être français si l'on ne sait pas ce qu'est une basilique ou une cathédrale. Il faut l'apprendre aux jeunes, ce qui commence tout juste à se faire, grâce au président de la République...

Un président de gauche !

Oh, il n'est pas de gauche, Mitterrand ! Si ? Vous appelez ça de gauche, vous ? Gauche-droite : vous savez, aujourd'hui, les frontières ont sauté. Des différences, il n'en existe qu'entre les extrémistes des deux bords. Sinon... vous les voyez comme moi, François Mitterrand et Édouard Balladur, main dans la main et qui s'entendent vaille que vaille. C'est d'ailleurs tant mieux!

Mais pour poursuivre votre idée, vous aimeriez que les jeunes apprennent quoi exactement de la religion?

Je souhaiterais qu'on leur donne une connaissance d'abord de la religion chrétienne qui a marqué notre pays, ensuite des autres religions. La foi et la chrétienté ont pénétré notre culture. Comment comprendre Bach, pour ne prendre que cet exemple, si on ne prend pas en considération sa dimension profondément chrétienne, luthérienne en l'occurrence, mais ça m'est égal... Cet effort, indispensable pour l'enseignement public qui devrait être accompli au nom même de la laïcité, je le revendique également pour l'enseignement catholique! Il faut qu'on puisse y apprendre mieux encore qu'aujourd'hui tout ce qui a été, tout ce qui est le rayonnement culturel de la religion. Il n'y a pas de quoi en avoir honte. Quand on songe à tous les trésors de notre patrimoine...

Expliquez-nous ce mystère: comment un moderniste, un progressiste comme vous peut-il se montrer en matière de mœurs si conservateur?

Mais je suis plus que conservateur: je suis hyperconservateur et hypermoderniste à la fois!... Le modernisme, en lui-même, ne veut rien dire, strictement rien dire. Prenez l'exemple de la fidélité conjugale : je suis hyperconservateur puisque je suis favorable à une fidélité totale, qui me semble extrêmement liée au mariage. Changer de partenaire au bout de quelque temps, eh bien non! Mais s'il y a des raisons profondes, s'il le faut absolument, bon, ce n'est pas à moi d'imposer une vie impossible à des gens. Je suis pour la loi, mais une loi d'amour.

Alors progressiste et conservateur, c'est possible selon vous?

Conservateur... progressiste : vos catégories n'ont pas beaucoup de sens pour moi. Je ne proclamerai pas à la télévision que je suis « hyperconservateur », cela ne serait pas compris. Mais ils s'en apercevront quand je défendrai la fidélité et peut-être comprendront-ils que la défense de cette valeur – et de bien d'autres – c'est du « progressisme ». Ou plutôt, cela va au-delà, bien au-delà!

Mais vous devez constater autour de vous que gagne cette idée « moderne » : avec l'allongement de la durée de vie nous pouvons avoir plusieurs vies, et donc plusieurs femmes ou plusieurs hommes...

Cette idée, je l'entends comme un appel... à mieux vivre la fidélité. Je dis volontiers à des jeunes gens qui s'aiment : « Attendez avant de vous aimer charnellement. Mais le jour où vous vous aimerez, que ce soit pour toujours. Quoi qu'il arrive. » A la limite : « Si ta femme est malade, veille-la aussi longtemps qu'il le faudra. » L'amour, c'est cela; l'amour du Christ, dans le Christ.

Et ceux qui n'y parviennent pas?

Je ne juge pas. « Ne jugez pas », dit Jésus. Je ne le regrette pas pour eux, mais pour notre société où ce genre de valeurs n'apparaît pas. Ne parlons même pas de la télévision, sourde et aveugle, mais de l'ambiance générale emportée par l'éphémère... qui dissimule le pire. L'avortement, par exemple. Le massacre légalisé. Voilà une société qui se prétend humaine et qui expédie à la mort cent cinquante mille êtres humains chaque année. Je suis certainement conservateur sur ce point, mais se battre pour conserver la vie me paraît être tourné vers l'amour.

Nous reviendrons plus tard sur votre opposition acharnée à l'avortement, qui n'est guère comprise.

Mais pouvez-vous vraiment être un « conservateur tourné vers l'amour » lorsque vous persistez à maintenir les femmes dans une position mineure à l'intérieur de l'Église ?

Est-elle vraiment si « progressiste » que cela cette mentalité « moderne » qui s'obstine à masculiniser les femmes à tout prix ? Beaucoup de femmes se sont lancées dans le combat pour l'égalité, que je soutiens, mais qui ne saurait se confondre avec la masculinisation. Le progrès pour elles ne consiste pas à s'identifier aux hommes.

Concrètement, ce que vous dites revient à toujours les exclure ?

Pas du tout. Je suis favorable à ce qu'elles aient accès à toutes les responsabilités sociales dont elles ont été écartées pour des raisons sexistes. Il faut absolument qu'elles obtiennent le même accès à la culture et aux postes de direction que les hommes. Et dans tous les domaines... Excepté certains d'entre eux ! Personne ne s'offusquera si je vous dis que je ne suis pas d'accord pour que les femmes tentent de battre les hommes en haltérophilie ou en athlétisme. Elles y réalisent sans doute aucun des prouesses. Et vive Marie-José Pérec ! Mais c'est évident : cette championne de course à pied sera toujours en retard d'une demi-seconde sur le *recordman* du monde des 400 mètres... Cette différence est avérée pour le sport, tout le monde le reconnaît. Alors, où s'arrête-t-elle ?

Mais la prêtrise, ce n'est ni l'haltérophilie ni l'athlétisme...

Non, cela n'a rien à voir et je comprends que les femmes désirent être prêtres ainsi que tous ceux qui plaident en ce sens. Je ne les abomine pas mais je leur réponds deux choses. D'abord qu'il n'en a pas été ainsi pendant dix-neuf siècles ; ce n'est pas rien. Ensuite que l'autorité – à laquelle je me rallie –, l'autorité du pape et des évêques, en Orient comme en Occident, dit « non ». Voilà deux raisons fortes...

Mais qui sont un peu courtes si vous n'expliquez pas le pourquoi. Quel est le fondement de cette exclusion ?

Que les femmes exercent un semblable ministère était inimaginable pour le Christ, pour les apôtres et pour les Pères de l'Église. Pourquoi cela ne pouvait-il leur venir à l'esprit ? Probablement parce que la fonction de prêtre – et d'évêque – implique un rôle de « présidence » lié à la masculinité. Alors, vous me direz...

Que ce rôle de « présidence » est étrange puisque l'Évangile vous invite à « être les derniers si vous souhaitez être les premiers dans le Royaume du Christ ».

Il n'empêche, c'est un rôle de présidence quand même. Le prêtre préside aux sacrements. Il célèbre l'Eucharistie au nom du Christ : « Ceci est mon corps. » Alors il y a comme une logique pour que ces fonctions soient revenues au sexe masculin. Les hommes y sont davantage portés, par leur goût de l'autorité. Ce sont eux qui conduisent. Enfin, le plus souvent...

Vous seriez donc choqué, vous personnellement, qu'une femme célèbre la messe ?

Je serais choqué, car à mes yeux ce ne serait pas la messe. Mais cela ne me heurte pas que des femmes assurent la présidence d'une prière. Je le leur demande souvent et elles s'acquittent de cette tâche beaucoup mieux que les hommes. Pour moi d'ailleurs, celles qui ont été ordonnées prêtres en Angleterre conduisent une prière mais... pas l'Eucharistie. « Ceci est mon corps » : il faut que ce soit un homme, comme le Christ, qui le dise.

Ne menez-vous pas un combat d'arrière-garde ? Les femmes sont tellement nombreuses maintenant dans les structures de l'Église que, de par la force des choses, elles deviendront demain prêtres, évêques, pape... Leur ascension est inéluctable, comme dans les structures du pouvoir politique !

Je suis contre la force des choses. Je n'aime pas la force des choses, je préfère la liberté. La force des choses ne me « forcera » jamais. Je ne m'y plierai que par réalisme. Je crois plus à la liberté de changer les choses qu'à leur prétendue force.

Et vous n'imaginez pas qu'elles évolueront quand même ; que dans cent ans, deux cents ans ou peut-être bien avant, elles accéderont à la prêtrise ?

Je ne le crois pas.

Regardez pourtant autour de vous. De fait, les choses sont en train de changer : les femmes tiennent une grande partie du pouvoir dans l'Église.

Elles sont les plus dévouées, les plus efficaces souvent. C'est vrai : elles détiennent une grande partie du pouvoir dans l'Église et je m'en réjouis.

Ne font-elles pas souvent marcher les paroisses ?

Non.

Mais elles animent le catéchisme presque à elles seules ?

Oui. Les catéchistes sont des femmes à 90 % et je reconnais volontiers qu'elles s'acquittent à merveille de cette tâche. Comme évêque, je vérifie à l'occasion les textes choisis. Je conseille, j'autorise. J'ai un rôle qui n'est donc pas mineur. Et tout se passe dans une grande amitié. Elles ne viennent pas les yeux injectés de sang protester, réclamer, manifester. Je suis très heureux de cette collaboration. J'aime travailler avec les femmes. J'aime les femmes, vous savez.

Mais les hommes sont aux abonnés absents...

Beaucoup d'hommes sont pris par d'autres choses. Quand ils peuvent se libérer, mais cela leur est difficile, je les encourage. Il arrive aussi que, dans les bons couples, la femme demande avis et œuvre de concert avec son époux.

Il n'y aurait pas de lutte des sexes à l'intérieur de l'Église ?

Cela existe. Des groupes m'adressent des demandes, réclament, revendiquent. Je les reçois. Nous parlons. Ce n'est pas trop dramatique. L'une des convictions qui a guidé ma vie, c'est que le conflit tombe lorsqu'on accepte le dialogue, un vrai dialogue où on s'écoute, où on partage tout ce que l'on peut partager. Tel est le point essentiel : que les hommes, donc les prêtres, et les femmes partagent tout ce qui peut l'être dans le domaine de la responsabilité pour faire avancer l'Église.

En nous parlant de la place des femmes dans l'Église, vous n'avez pas évoqué la Vierge Marie, à laquelle vous êtes si attaché. Étonnant silence...

Un silence qui tient sans doute à la place, si grande, qu'elle tient pour moi. Plus je vais en âge, plus elle m'importe. Mais la mariolâtrie est une absurdité. Je ne veux pas me servir d'Elle comme alibi. Enfin, c'est discret la Vierge Marie. Elle fait partie de mon existence. Je la prie tous les jours, d'une manière simple et dont il est difficile, très difficile de rendre compte dans un livre.

Vous n'en faites pas moins un modèle...

Elle est le modèle des femmes, de la femme, mais aussi des hommes! Certes, Marie n'était pas apôtre. Elle n'a jamais célébré l'Eucharistie. Elle n'était rien dans la hiérarchie. Mais elle était tout dans la sainteté.

Comment pouvez-vous dire cela?

Personne n'a jamais aimé Dieu et les autres comme Marie. Je ne parle pas du Christ bien sûr. Quand je dis qu'elle aimait Dieu, je veux évoquer la manière extraordinaire dont elle a accueilli et accompagné Jésus, telle que les Écritures nous la dévoilaient. L'essentiel est l'amour exclusif de Dieu.

Vous croyez vraiment qu'une femme peut prendre la Vierge Marie pour modèle?

J'en connais pas mal!

Vous rusez. Ce que nous voulons dire, c'est qu'il semble impossible pour les femmes d'aujourd'hui de s'identifier à la Vierge...

Je connais pourtant des femmes qui prennent bien aujourd'hui pour modèle la Vierge Marie-Vierge Mère...

Vierge et mère?

Il faut surmonter ce paradoxe, comprendre au-delà des images qui sont des images, percevoir à travers elles cette abnégation, ce dévouement, cet amour... Voici quelqu'un qui, à seize ans, du moins j'imagine, découvre que le Seigneur l'appelle. D'abord, elle ne saisit pas. Ce n'est pas ce qu'elle avait prévu pour sa vie. Et puis elle bascule. Elle ira jusqu'au bout, jusqu'au silence, au grand silence. Toujours admirable de sensibilité, de don de soi. « Faites tout ce qu'il vous dira », répète-t-elle. Pour moi, comme pour le deuxième évêque de Lyon en l'an 200, cette continuité même a un sens. La Vierge est un modèle parfait de la foi. C'est-à-dire de l'adhésion à la Parole. « C'est toi qui me le demandes »... Elle est le symbole puissant de l'élan.

Mais vous ne nous dites toujours pas si la virginité de Marie est pour vous un dogme intangible.

Ce que je vous dis, c'est que l'essentiel est ailleurs, dans le don d'amour. Bon, que l'on puisse être perplexe devant la virginité avant, pendant, après la conception, je le conçois volontiers. Moi, je n'ai pas trop de peine à y croire puisque mon Église, avec l'autorité que je lui reconnais, déclare que c'est un dogme fondamental, appuyé sur l'Écriture que nous considérons comme la parole de Dieu. Alors je me fonde sur l'Écriture – c'est très clair, en particulier dans Matthieu –, sur tant de siècles de tradition, sur ce que dit l'Église et j'adhère...

Vous adhérez pleinement?

Pleinement, oui. Mais le mot, malgré les apparences, est ambigu. La preuve : nous avons vu que l'on pouvait adhérer pleinement à une « vérité scientifique » tout en sachant qu'une autre pourra la chasser demain. Alors le domaine religieux s'avère plus encore mystérieux. La plénitude y est toujours voilée. J'adhère donc pleinement à ce dogme mais d'une manière voilée, humble; sachant que l'autre peut ne pas y croire et que ce n'est pas moi qui pourrais lui démontrer la pertinence de mon adhésion.

Et faites-vous preuve de la même adhésion pour d'autres questions de société tout aussi délicates, comme le célibat des prêtres?

Là, nous ne sommes pas dans le dogme. Pierre, le premier pape, était marié. La question du célibat des prêtres avait été réexaminée à l'initiative de Jean XXIII. « Peut-on introduire dans notre Église le double clergé tel qu'il existe chez nos frères orientaux? » La majorité des évêques a considéré que la « formule orientale » n'était pas heureuse. Mais cela peut parfaitement changer.

Le cardinal Decourtray souhaite-t-il ce changement?

Non, je ne le souhaite pas. Il y a une dizaine d'années, nous avions voté, après une longue réflexion. La minorité fut relativement importante, mais la majorité avait décidé d'une orientation qu'elle voulut sans demi-mesure : « Les prêtres seront choisis parmi ceux qui acceptent l'engagement dans le célibat. » On ne refait pas un tel choix tous les dix ans.

Mais les conditions de vie changent.

Sans aucun doute. Le célibat est plus difficile à vivre aujourd'hui qu'il y a quarante ans. Il faut donc offrir des soutiens à ceux qui effectuent ce choix exigeant et qui ne trouvent plus dans la société les appuis et renforts d'autrefois.

Quels renforts receviez-vous?

Du temps de ma jeunesse sacerdotale, nous étions, plus ou moins à notre insu, très soutenus. Par une mentalité, par une ambiance. Pendant un an, j'ai été vicaire dans une petite paroisse près de la frontière belge. Tout un peuple nous entourait. Affectivement, il nous aimait. Il nous soutenait à tout point de vue et en même temps, sans le vouloir, il nous protégeait. Ainsi une fois j'ai raccompagné chez elle une jeune fille après une rencontre de guides et alors qu'il faisait noir. Le père m'a dit : « Ça ne se fait pas. Vous devez arrêter votre réunion quand il fait clair. Elle pourra revenir toute seule. Ce n'est pas à vous de la raccompagner. » Curieuse époque. Je la regarde avec tendresse... Les difficultés sont tellement plus grandes aujourd'hui.

En quoi?

Naguère, dans mon pays du Nord, mais dans les autres également, la vocation était reconnue. Être prêtre, cela vous posait. Vous étiez quelqu'un d'important. En contrepartie, l'opinion manifestait envers vous des exigences qui vous aidaient. Elle n'acceptait pas certaines facilités extérieures.

Qu'entendez vous par « facilités »?

La manière dont les jeunes gens se comportent avec les jeunes filles et réciproquement. *Idem* pour les adultes d'ailleurs. En 1951, j'avais vingt-huit ans, je ne serrais pas la main des filles puisque mes responsables m'avaient dit que cela ne se faisait pas. Aujourd'hui, tout le monde s'embrasse. La distance n'est plus là, qui protégeait en partie le prêtre, lui interdisait une relative liberté. Nous étions en soutane, avec la tonsure, ce rond blanc sur la tête. L'idée de manquer à mes engagements ne me venait même pas à l'esprit. J'étais le bon Dieu...

Vous ne ressentiez pas de désir pour les femmes ?

Je n'ai connu qu'un désir... innocent. Très innocent puisque c'était à dix, onze ans. J'ai rêvé un temps de passer ma vie avec une petite Simone, cela aurait été joli. Je la trouvais très mignonne. Mais, une fois que je suis entré au séminaire, c'était fini...

Vous n'avez jamais envisagé de renoncer au célibat pour une femme ?

Jamais sérieusement. J'ai eu un temps, comme je vous l'ai raconté, une hésitation sur le type d'existence que je voulais choisir. Mais une fois mon choix effectué, je m'y suis tenu sans que cela me soit une souffrance. Au contraire, puisque mon engagement ne s'est jamais départi d'un certain bonheur. C'est pourquoi je vois là une marque, un signe de la fracture culturelle qui s'est produite pour les générations suivantes. Car dans ma génération, la question du célibat ne se posait pas.

Elle ne se posait pas ou on empêchait qu'elle se pose publiquement?

Tout ce que je peux vous dire, c'est qu'avant d'être prêtre, je n'avais jamais entendu parler de problème particulier qu'aurait soulevé un prêtre. Jamais. Il devait y avoir très peu de cas difficiles, sinon un écho en serait venu à mes oreilles. Ensuite, plus tard, j'ai entendu évoquer le cas d'un vicaire, « un terrible scandale ». Il y avait mille cinq cents prêtres à Lille et l'un d'entre eux a provoqué une affaire affreuse, pour avoir, par passion amoureuse, renoncé à la prêtrise. Ce serait une histoire « banale » aujourd'hui.

Comprenez-vous que, pour d'autres, la question du célibat puisse être majeure?

Oui. Mais cette compréhension a été longue à se manifester. C'est en 1958, lorsque j'eus pour tâche d'accompagner de jeunes séminaristes, que le choc est arrivé. Parmi les prêtres que j'ai suivis et pour qui j'avais assuré ce qu'on appelait improprement une « direction spirituelle », il s'en est trouvé plusieurs pour venir me dire : « Je ne peux plus tenir. Je voudrais me marier... » Ma première réaction a été fort négative. Je les estimais. Je comptais sur eux.

Que leur avez-vous répondu?

J'ai encore en mémoire la visite de l'un de ceux-là, si désemparé... Je lui ai dit : « Tu n'es pas fou? Tu t'es engagé publiquement après le service militaire! Tu n'étais pas naïf à vingt-quatre ans! » Mon raisonnement était simple : « Tu t'es engagé. Tu tiens... » Comme moi : je m'étais engagé et je tenais. Sans même me poser la question. Jamais. Exactement comme si je m'étais marié : j'aurais tenu mon engagement. Du moins, je veux le croire. C'était capital pour moi, cette notion d'engagement. Or, là, il s'était engagé devant tout le monde, devant moi. Je l'avais accompagné trois années durant et voilà qu'il lâchait : « Je ne peux plus... »

Il avait des raisons...

Il me les a confiées : « J'ai rencontré une fille épatante, merveilleuse. Je ne peux plus vivre sans elle, et elle, elle ne peut plus vivre sans moi! » Alors, j'ai essayé de le raisonner : « Prends du recul. Si tu veux bien, sois résolu et nous en reparlerons dans trois mois... » Trois mois ont passé. Sans rien modifier à son état d'esprit. Puis six mois... et ses tourments, ainsi que ses résolutions, n'ont fait que s'aggraver. J'ai dû me rendre à l'évidence et évoluer, moi aussi. J'ai commencé à me dire : « Puisqu'il y a un élément nouveau dans sa vie, il va falloir faire appel à Rome pour le dispenser de ces exigences. » J'ai dû m'y résoudre pour une trentaine de prêtres rien qu'à Lille.

Vous vous êtes rendu à leurs arguments?

Je ne dirais pas cela ainsi. J'ai compris qu'ils affrontaient une difficulté sérieuse. J'ai pensé qu'il fallait les aider au maximum à vivre ce qu'ils avaient à vivre. J'avais fait tout ce que j'avais pu afin qu'ils persistent dans la voie qu'ils s'étaient tracée, mais puisque leur volonté d'en changer était arrêtée et que Rome donnait son autorisation, je les accompagnais. Je les aidais à vivre du mieux possible leur nouvelle situation. Ainsi, j'avais changé.

Et aujourd'hui, malgré l'évolution des mœurs, ces renoncements vous posent toujours autant problème?

Ce n'est plus scandaleux. C'est resté, pour moi, étonnant, mais moins étonnant. Nous n'avons connu que peu de cas de ce genre depuis treize années que j'exerce mes fonctions à l'archevêché de Lyon. Il est vrai qu'on dénombre beaucoup moins de vocations qu'autrefois. Mais de tels événements provoquent toujours beaucoup d'émotion, et de tous côtés. Ceux qui renoncent sont bouleversés, ainsi que nombre de chrétiens.

Pourquoi ce bouleversement des chrétiens?

Parce qu'ils comptent sur la fidélité du prêtre pour leur propre fidélité. Leur réaction peut ainsi se résumer : « Si le curé lui-même craque, brise son engagement solennel, alors nous, comment pourrions-nous assurer le nôtre? Qui est en mesure de nous y aider? » Les voilà fragilisés dans leur fidélité conjugale, inquiets sur leurs propres capacités à tenir puisque même les prêtres ne tiennent pas. Je tente de leur faire comprendre que c'est à eux désormais de venir en aide aux prêtres.

Mais pour vous, le célibat a-t-il une justification profonde ou y adhérez-vous par stricte obéissance aux règles de l'Église?

J'ai toujours cru que le célibat correspondait à ce que le Seigneur me demandait. Il me disait : « Certains ne se marient pas à cause du Royaume. Eh bien toi, je te demande de me suivre sur ce chemin. » Attention, ne vous y trompez pas : je n'ai pas entendu de voix. C'était dans ma conscience. J'ai pensé que là était « le » chemin et que je consacrerais ma vie à rendre témoignage du message qu'avait apporté le Christ.

Comment expliquez-vous cet appel?

Je n'ai rien d'autre à vous répondre que ceci : je crois que j'ai été appelé. Ai-je eu tort? Ai-je eu raison? Je laisse à chacun le soin de penser ce qu'il veut. Je ne sais ni pourquoi ni comment j'en suis venu là. Mais ma croyance profonde est là, brute. Je crois que Dieu m'a dit : « Toi, suis-moi de cette manière-là. »

Pourquoi le « suis-moi » devrait-il se traduire par le célibat?

Parce que ce célibat est fondé sur plusieurs siècles d'expérience. Les témoignages des saints portent confirmation de cette exigence : « Ce que le Seigneur te demande, beaucoup l'ont fait avant toi. » Leurs écrits, que j'ai lus, l'exemple de leurs vies, que j'ai médité, m'ont conforté affectivement et intellectuellement : cet engagement a un sens. Je ne me suis pas retrouvé seul dans ce choix. Le curé d'Ars, saint François de Sales, Jean de la Croix, Thérèse d'Avila, cette femme formidable, et tant d'autres qui ne se sont pas mariés pour le Royaume.

Difficile à percevoir cette contradiction entre le service de Dieu et le mariage.

Il n'y a pas de contradiction. Nos frères grecs n'en perçoivent pas puisque les prêtres mariés sont autorisés à officier au sein de leur Église. C'est une question de choix disciplinaire. Dans sa partie latine, l'Église a considéré, depuis près de dix siècles, qu'il ne fallait appeler à la prêtrise que des hommes capables d'opter pour le célibat. Mais elle peut changer d'avis, bien entendu. Nos amis orientaux sont aussi catholiques que moi.

Vous ne pouvez quand même pas vous empêcher de voir un « plus » dans ce célibat...

Pas un plus, car cela aurait une dimension quantitative, mais un signe. Certes, aimer une femme et avoir des enfants, c'est aussi un signe intéressant. Mais il s'agit avec le célibat des prêtres d'un autre signe qui montre bien que l'amour n'est pas épuisé par le mariage. Enfin, oserai-je évoquer un autre élément, très mystérieux, qui dépasse éventuellement l'intelligence rationnelle ?

Osez, osez... Vous pouvez vous passer de permission !

Eh bien, que l'amour entre un homme et une femme soit beau, tout le monde peut le comprendre aisément ; tandis que cette option mystérieuse pour Dieu à travers une certaine solitude, ce n'est pas évident ! La preuve : sans arrêt revient la critique – « Ils sont névrosés » – ou la rumeur – « Ils sont hypocrites ! Ils se rattrapent en cachette... »

La focalisation sur ce sujet vous agace ?

Cette focalisation m'agace et m'interroge. Pourquoi ? Sans doute parce que nous ne manifestons pas suffisamment que notre célibat est un choix d'amour. Peut-être aussi devrait-il s'accompagner d'un choix de pauvreté ? Quand j'étais vicaire, ces questions ne se posaient pas. Je me sentais très utile comme prêtre célibataire. Il m'aurait été impossible d'être prêtre en étant marié. Pauvre femme ! Et mes enfants, ils ne m'auraient jamais vu...

Le choix d'amour pour le Christ est donc exclusif ?

Certes non. L'amour pour Dieu... L'amour pour tous les hommes : c'est le contraire de l'exclusion. Mais ce don de soi exige une ascèse, un « appel » personnel comme je vous l'ai dit. J'ai souvent rencontré des jeunes gens et des jeunes filles qui me confiaient ce qu'ils pensaient être leur résolution : se consacrer entièrement à la vie religieuse. Après quelque temps de réflexion, je les mettais en garde et leur disais : « Tu es plutôt fait pour un mariage vrai et sérieux... »

Et pourquoi prêchez-vous ainsi d'une certaine façon contre votre paroisse, en pleine crise des vocations ?

J'agis de la sorte quand il me semble que le choix pour le célibat n'est pas suffisamment fondé, épanoui, et qu'à l'inverse un vrai mariage peut permettre de donner plus à Dieu et aux autres. Il faut, aujourd'hui, plus qu'hier encore, que cet engagement soit fort, volontaire, personnel, et en même temps il doit se vivre avec un soutien auquel j'essaie de contribuer à mon niveau.

Un détail: la soutane. Grâce à cette robe, le prêtre était « distingué ». Vous regrettez sa quasi-disparition?

Pas du tout. Je n'ai jamais aimé porter la soutane. Elle me gênait, m'entravait, je ne l'ai revêtue que parce que l'Église me le demandait.

Pourquoi? Quel sens lui donnait-elle?

Le port de la soutane était quasiment un modernisme pour l'Église puisque cette coutume a été introduite il y a moins de deux siècles. C'était une manière claire de mettre à part celui qui s'engageait. Il était à part sur un plan spirituel et sur un plan sociologique. Ajoutons que lorsqu'on porte une soutane, on ne rentre pas prendre l'apéritif dans un bistro [rires]. Mais ce qui compte, c'est d'arborer un signe distinctif: la collerette blanche, la croix sur la poitrine. Un signe que les gens connaissent et reconnaissent, c'est tout...

Le signe de reconnaissance, ici, c'est vous. Vous symbolisez Lyon.

Ce n'est pas exact, vous ne savez pas ce que vous dites. Vous n'êtes pas lyonnais. On ne devient pas lyonnais avant cinq ou six générations. Je ne suis lyonnais que partiellement. Je sens et je connais Lyon. J'aime les qualités, considérables, de ses habitants, et je vois leurs défauts. Je suis lié à eux mais n'allez pas au-delà...

Il n'empêche : pour l'extérieur, vous symbolisez Lyon.

On dit cela simplement parce que je dure plus que n'importe quelle autre personnalité. Depuis treize ans que je suis là, ils sont tous partis. J'en suis à mon quatrième préfet, mon deuxième maire, mon deuxième recteur d'académie... Je suis l'homme stable ici...

Plus stable que vous, au fond, il ne semble y avoir que le pape ! Comment cela se passe-t-il entre le primat des Gaules et le Saint-Père ?

Il est mon chef et... mon confrère. Ce sont des notions et des rapports difficiles à comprendre. D'abord je suis évêque de Lyon et lui-même évêque de Rome. Nous sommes égaux. Sauf que, comme évêque de Rome, il est le premier. Ce n'est pas seulement une primauté d'honneur. Il jouit d'une autorité particulière.

Ce qui provoque des tensions ?

Non. Parce que sur le fond, sur l'essentiel, nous sommes d'accord. Nos divergences ne sont que secondaires. Par exemple, j'aurais aimé qu'il se rende à Sarajevo ; ce voyage aurait eu un sens, un impact déterminant. Il en a pensé autrement. Bon, ce n'est pas grave. Cela ne touche pas à l'essentiel.

L'« essentiel » ?

La foi. Le credo. Qui est le Christ ? Quel est le sens ? Quelles sont les prescriptions ? A quoi sommes-nous tenus pour être fidèles ? Comment organiser l'Église ?

Comment cela se déroule-t-il concrètement entre vous ? Il existe un protocole qui maintient la distance hiérarchique ?

Le protocole est plutôt léger, même si au Vatican les gardes suisses aiment à claquer les talons. Je revêts ma tenue de sortie comme pour l'Académie française. Soutane noire, ceinture rouge, boutons rouges, calotte rouge et croix : l'uniforme d'apparat du cardinal. L'évêque se distingue, lui, par la couleur violette. Je retrouve le pape dans ses appartements. Nous parlons seul à seul ou avec son secrétaire particulier, notamment pour des petits déjeuners qui se prolongent souvent, car il cause beaucoup.

Comment vous appelle-t-il ?

Monsieur le cardinal. Il ne m'a jamais appelé Albert. Moi, je dis « Très Saint-Père ».

Vous vous entretenez en français?

Oui. Il le comprend très bien pour peu que l'on s'exprime lentement et il ne commet pas de faute. Tous les évêques pourraient vous dire la même chose. Il parle anglais avec les Anglais, espagnol avec les Espagnols, italien... russe... Il connaît à merveille une dizaine de langues. Les Polonais sont doués, et lui tout particulièrement. Mais ce pape a introduit une relation nouvelle avec les évêques, grâce à une innovation toute simple : il les invite à déjeuner tous les cinq ans lors de leur visite traditionnelle au lieu saint.

Vous le rencontrez donc tous les cinq ans... Et autrement?

Je le rencontre dans d'autres circonstances. D'abord, je suis un des quinze cardinaux désignés par le pape pour superviser les finances de l'Église... Deux fois par an, nous nous réunissons à Rome pour vérifier les comptes, à la suite de quoi il nous invite à déjeuner...

On mange bien à la table du pape?

Quand on vient de Lyon, on ne trouve pas la nourriture terrible. Disons qu'il y a le nombre de calories nécessaires. Enfin, c'est bien quand même...

Et vous pouvez le prendre à part, si vous le souhaitez?

Quand on sort de table, assez tard, compte tenu de son goût pour le verbe, je lui dis : « Très Saint-Père, j'aimerais vous voir. » Cela se fait sans problème. Il est facile d'accès. Et lorsque j'ai besoin de le voir pour une raison particulière, comme cela avait été le cas pour accélérer le déménagement du carmel d'Auschwitz, cela ne présente pas de difficultés.

Il vous arrive de le contester dans le privé, de polémiquer avec lui, ou de lui dire : « Je ne suis pas d'accord »?

Oui, mais avec respect. Il m'arrive aussi de lui écrire pour lui exprimer ma pensée, mais sous une forme courtoise.

Le chef de l'Église accepte-t-il la contradiction « respectueuse » de ses inférieurs?

Oui. Toujours. Il la réclame même. Quand un pape écrit un texte, par exemple, il demande conseils, suggestions, critiques à une dizaine de collaborateurs. Il n'a rendu publique sa dernière encyclique *Veritatis Splendor* qu'après cinq années d'études et de discussions avec de multiples intervenants.

Sur quoi vous arrive-t-il de « diverger » ?

Pas sur l'essentiel, je vous l'ai déjà dit. Mais il est des points sur lesquels, intérieurement, je ne suis pas d'accord. Sur son mode d'expression, notamment. Parfois, je me dis : « Tiens, il aurait pu dire les choses d'une autre manière. » Par exemple, dans le domaine de la morale. La plupart du temps, les prescriptions qu'il rappelle sont coupées de leur contexte. Alors, cela perd son sens. « Le pape est contre la pilule. » « Le pape est contre ceci ou cela. » Ça veut dire quoi ?

Le côté « oukases systématiques » vous irrite ?

Dans la présentation, oui. Car le pape, il est « pour ». Sans arrêt « pour ». Pour la richesse de la vie commune. Pour la plénitude d'un amour vraiment choisi. Pour la qualité de la relation entre l'homme et la femme. Il existe même des volumes qui développent cette question et qui remontent bien avant Jean-Paul II. C'est dit, c'est répété. L'essentiel est la qualité de la relation de l'homme et de la femme. La qualité !

Pardonnez-nous d'y revenir encore et d'ajouter des pages aux volumes existants, mais qu'entendez-vous par « qualité » ?

Pas le fait qu'on veuille prendre un peu de plaisir et éviter les inconvénients. L'usage du contraceptif, pour être clair, ne va pas dans le sens de la qualité, contrairement à la maîtrise de soi dans l'amour. Cela, évidemment, ne se dit pas beaucoup. Alors aussitôt la télévision, les journaux résument, altèrent, « infirment » une pensée beaucoup plus riche et profonde et titrent : « Le pape est contre la pilule. » Or, le pape, il est pour la limitation des naissances! Mais par des moyens qu'il estime plus conformes à la dignité des rapports entre un homme et une femme, à la dignité de la liberté humaine.

Comment expliquez-vous que personne ne conteste le rôle historique que Jean-Paul II a joué dans la chute du communisme alors qu'il est brocardé dès qu'il évoque les problèmes de société?

Tout dépend des problèmes qu'il soulève. Ses encycliques sociales très engagées contre le capitalisme et les ravages de l'argent ont été largement approuvées, y compris par les communistes.

Mais dès qu'il s'agit de la morale, il provoque une levée de boucliers.

Pas pour ce qui est de la morale individuelle. Sa condamnation du vol sous toutes ses formes, ce n'est pas rien. Mais pour ce qui est de la morale sexuelle, votre observation est exacte. Ce sujet tourne à l'obsession. Sans doute en raison de la frénésie de l'heure. Nous vivons dans un monde qui exige toutes les satisfactions possibles et celle-ci en particulier. Comme le pape a l'air de s'opposer aux pulsions des désirs et aux satisfactions personnelles, on se focalise contre lui.

Il ne s'agit pas que de satisfaire des désirs, mais de conjurer des menaces de mort, en raison du surpeuplement ou du Sida!

Bien sûr qu'il faut les conjurer, ces menaces, mais pas de la façon mécanique, dégradante qui est imposée par l'air du temps. Jean-Paul II invite à un effort nouveau. Il dit : « Oui, limitons les naissances, mais pas n'importe comment. » Et il proteste : « Vous rendez stériles les hommes des Indes, je suis contre. On ne stérilise pas. On ne porte pas ainsi atteinte à l'intégrité humaine. » Alors on traduit : « Il veut que la population croisse sans fin... » Mais non! « Je ne suis pas favorable à la stérilisation : trouvez d'autres moyens. Ils existent », voilà ce qu'il dit, le pape.

Sans être entendu...

On ne veut pas l'entendre. Si on le veut, on peut. Il suffit d'étudier la question de la limitation naturelle des naissances. Bien sûr, cela implique un effort. Mais c'est plausible! Le pape réagit contre une manière aisée, scientiste, et éventuellement jouissive, de résoudre le problème. Il ne dit pas qu'il n'y a pas de problème, mais qu'il faut coûte que coûte résoudre ce problème autrement.

Vous développez pourtant un code moral inapplicable pour les catholiques, qui d'ailleurs ne l'appliquent pas. L'Église tient un discours qui n'a plus d'autre fonction que la culpabilisation.

La dernière encyclique, *Veritatis Splendor*, n'est pas culpabilisante. Évidemment, si la splendeur de la Vérité n'intéresse pas... Mais si la Vérité vous intéresse, la force vient ! Il est vrai que j'ai tenté de faire comprendre ce message et que je n'ai pas toujours réussi. Il faudrait réexprimer cette pensée dans le contexte et le langage d'aujourd'hui. Parce que cette encyclique, en l'occurrence, est adressée aux évêques. Alors que les évêques s'imprègnent bien – ils sont en mesure de comprendre – et réexpriment. D'autant qu'il nous faut parler au peuple, au monde par les médias. Ce qui est une rude tâche puisque ces médias sont occupés par la superficialité qu'ils déversent à longueur de journée.

Le message catholique ne serait pas très « cathodique » ? Vous avez pourtant un impact médiatique considérable !

Les gens en ont assez de la superficialité. Mais ne croyez pas qu'il me soit facile de tenir une parole publique... dont je sais à l'avance qu'elle ne sera pas comprise. J'aurais été ou trop mou ou trop dur. J'aurais parlé à « tout le monde ». C'est-à-dire d'une certaine façon à personne. Rien à voir avec le dialogue en tête à tête qui permet d'approfondir un sujet, le sujet « comment grandir en amour ». L'important, c'est « comment grandir » avec le plaisir bien sûr, mais non pas comment avoir le plus de plaisir sans inconvénient. Cette parole-là, elle passe aisément, elle s'approfondit, mais pas quand elle devient publique. Là, je ne parviens pas à surmonter le décalage. Il faut dire qu'on me pose sempiternellement ces mêmes questions : « Le pape est-il contre les préservatifs à l'entrée des lycées ? »

Et alors ?

Mais il n'est ni pour ni contre. Si on doit en arriver là, c'est que la société est devenue débile.

Peut-être, mais vous ne pouvez pas assimiler, réduire à la « débilité » ce qui est un divorce entre les chrétiens et vous. Un divorce qui ne se limite pas à la morale sexuelle puisque sur l'argent, par exemple, il en va de même.

Ah, non !

Les catholiques ont pourtant participé comme les autres à la formidable ruée sur l'argent-roi au cours de ces dernières années.

Certes. Ils font partie de la société humaine. Mais il en est qui vivent très pauvrement. Vous connaissez Dominique Ferry, qui était vice-président d'Hachette : il a tout arrêté d'un coup. Avec sa femme, ils ont choisi de décrocher du monde de l'argent et de mettre leurs énergies au service d'une communauté nouvelle. Un exemple parmi d'autres, parmi des centaines d'autres d'hommes et de femmes qui préfèrent l'obscurité au clinquant et qui effectuent leur choix sans ostentation. Soyez plus attentifs : ce qui est renaissant dans l'Église est peu visible...

Ce qui est visible, c'est que vous n'êtes pas suivi en matière de mœurs. On dit par exemple de vous que « vous êtes très ouvert sur tout sauf sur la sexualité, où vous apparaissez sclérosé, bouché... »

J'entends, si je puis dire; j'entends cela tout le temps!

Qu'en dites-vous?

Qu'ils ont tort. S'ils me comprenaient, ils ne me jugeraient pas ainsi. Je ne m'exprime sans doute pas comme il le faudrait.

Sur tout le reste vous vous exprimez parfaitement et là non?

Non.

Ce n'est pas convaincant, ce que vous dites!

Et pourtant! Le sexe est une chose tellement profonde. Qu'on ne croit pas que je l'ignore : il est impliqué dans mon existence. Bien sûr j'ai opté pour le célibat, ce qu'on traduit par : « Il est dingue... » Déjà on croit que je n'apprécie pas les femmes. Mais je les aime! Nous en avons des dialogues, ensemble! Et je ne peux pas vous dire combien d'entre elles ont été aidées par mon célibat. C'est un sujet si difficile...

Pourquoi si difficile?

Parce que le sexe, ainsi que Freud l'a montré, touche des racines très profondes de l'homme. Il est donc possible, et même certain, que nous ne trouvons pas les mots justes pour exprimer nos vérités. Je l'avoue : je me sens démuni.

D'autres Églises n'ont pas le même problème...

Les orthodoxes l'ont résolu en n'en parlant jamais. Le patriarche s'en est expliqué : « C'est leur affaire... » Beaucoup de chrétiens aimeraient que leurs évêques et prêtres disent de même : « On n'en parle pas, c'est votre affaire. » Comme si une parole d'amour, ici, ne devait pas tenter de se faire entendre. Timidement d'ailleurs, car nous n'y consacrons guère de temps. Mais c'est devenu obsessionnel pour les médias. Si l'on écrit une page sur cent à ce propos, on ne retient qu'elle.

Ce n'est pas uniquement une obsession médiatique. Les gens ne vous comprennent pas. Prenez l'avortement, que vous avez diabolisé...

Qui est diabolisé? On peut se poser la question. Ce que je sais c'est que, lorsque je vois quelque chose de diabolique, de bête et méchant, je le dis. Même si la bêtise et la méchanceté se cachent sous des masques séduisants. Certaines manières de mener campagne pour l'avortement me paraissent bêtes et méchantes, alors même qu'elles se parent des atours de la bonté et de l'intelligence. Sous ces parures, je vois le Prince du mensonge. Il ne s'agit pas seulement du mensonge rigolo, cela va plus loin.

Où est le mensonge?

On cache la vérité. La vérité, c'est qu'on tue. Qu'est-ce que cela peut faire puisqu'on ne le voit pas? Il est dans le ventre de sa mère, tout petit, il n'a que deux mois. Et on tue pour le bénéfice, pour le plaisir des hommes, pas pour les femmes. Les hommes dans l'affaire exploitent les femmes.

Que faites-vous pour elles?

Un travail positif que l'on ne connaît pas ou que l'on ne veut pas connaître! Nous aidons les femmes à garder l'enfant, ce qu'elles souhaitent dans leur immense majorité. Il faut aider, soutenir plutôt que contribuer à tuer. Quand l'enfant naît, la mère l'aime neuf fois sur dix.

Vous lui refusez la liberté de choix?

La liberté est commandée précisément par un impératif moral profond.

Mais votre logique peut entraîner des attentats terroristes contre les médecins ou les femmes qui avortent, aux États-Unis par exemple...

Je ne suis pas pour le terrorisme ni pour l'assassinat. Au contraire, je suis pour un double effort. D'abord un effort d'accueil immédiat, réel, pour que les enfants menacés soient sauvés. Je dis les « enfants ». Je ne perçois pas de différence entre un enfant encore dans le ventre de la mère et celui qui en sort. Le petit qui est encore dans l'utérus, on peut le voir et... le tuer. Ce ne serait pas grave? Et le bébé qui sort à terme, il devient gravissime d'y toucher. Ça rime à quoi tout cela?

L'être humain, selon vous, existe à partir de quand?

L'être humain existe au commencement. Mais le commencement, c'est quoi? Je crois que c'est au bout de quelques heures. Je n'entrerai pas dans ces détails puisque ce n'est pas là que les problèmes se posent. Notre problème, c'est d'aider à la vie, celle de la femme, celle du petit homme. Nous devons tout faire pour que les lois ne favorisent pas l'extermination des vivants. Il y a quand même cent vingt mille enfants qui sont supprimés dans le ventre de leur mère chaque année!

Vous vous souvenez de ce texte : « L'avortement, même légalisé, demeure une atteinte radicale à la vie humaine. » Il a été écrit par le cardinal Marty dans une lettre ouverte à Simone Veil, en 1974, au moment de la loi sur l'avortement.

J'y souscris aujourd'hui encore. Plus que jamais.

Mais vous ignorez peut-être la réponse de la féministe Antoinette Fouque : « A quoi pouvait-on s'attendre d'autre de la part des curés! En 1956, le pape était encore hostile à l'accouchement sans douleur. Et voilà qu'une femme, une juive de surcroît, leur réplique : " Tu avorteras dans le choix ", plutôt que " Tu accoucheras dans la douleur. " » Qu'en pensez-vous?

« Tu avorteras dans le choix » est une expression abominable, sauf s'il s'agit d'avortement thérapeutique. Cela étant, il y a là une conception de la femme avec laquelle je ne suis pas d'accord : « Je fais ce que je veux de moi. » « Ce que je veux de mon corps. » Mais ce n'est pas son corps. Elle oublie l'Autre. Elle le verra bien quand il sortira. Puis lorsqu'il grandira.

Pour vous cette volonté de choix procéderait d'un « égoïsme monstrueux » ?

Tel est l'air du temps, l'air de l'ignorance, de l'individualisme. Il est exact qu'on a sans doute, autrefois, exagéré dans l'autre sens, lorsqu'on sacrifiait la mère à l'enfant. C'est quand même d'elle dont il s'agit, je vous le concède volontiers, mais pas seulement d'elle. Dans un premier temps, le petit existe tout en faisant corps avec sa mère. Et puis, il y a son éclosion, il va vers lui-même. La réaction éducative, c'est ceci : « Celui-là est moi, mais comment faire pour qu'il devienne lui ? » Et qu'on ne tente pas d'établir un lien quelconque entre ce combat pour la vie et une prétendue opposition à l'accouchement sans douleur. Je dis « prétendue », car je n'ai jamais entendu de tels propos. J'aimerais qu'on me montre un texte. S'il s'est par extraordinaire trouvé un évêque assez sot pour s'opposer à l'accouchement sans douleur, il ne reflétait pas la position de l'Église.

Mais le texte des Écritures, « Tu enfanteras dans la douleur », il existe bien. Il est « sot » ?

Pas du tout. C'est un langage explicatif de l'événement. Toutes les mères souffraient pour accoucher et le texte biblique tente d'expliquer l'origine de cette souffrance. Une souffrance qui est aussi une mission de la femme, qui participe de quelque chose de plus vaste : « Tu travailleras à la sueur de ton front. »

Là, nous sommes dans le brouillard...

« Tu enfanteras dans la douleur », cela veut dire que ta souffrance, et notamment celle qui te vient d'avoir des enfants, tu ne l'aurais pas si tu avais été complètement fidèle dès le départ. Si tu avais été fidèle à ce que Dieu te demandait. C'est une manière de faire comprendre que la souffrance est une conséquence du péché originel. De toute manière, éduquer un enfant, c'est douloureux, il faut assumer cette douleur, la dépasser dans l'amour. La souffrance de l'accouchement n'entre plus forcément dans l'ensemble.

Attendez : vous n'êtes pas suffisamment clair. Est-il obligatoire de souffrir pour accoucher ?

Bien sûr que non !

Les femmes peuvent-elles avoir recours à la péridurale, cette anesthésie partielle qui supprime l'essentiel de la douleur ?

Bien entendu.

Il y a pourtant encore beaucoup de femmes qui rechignent à avoir recours à la péridurale, car elles ont dans la tête l'idée que la souffrance est indissociable de l'accouchement.

Vous croyez que cela existe encore? Alors, je ne suis pas dans le coup! J'avais l'impression que les femmes chrétiennes choisissaient ce qui leur paraissait préférable. Certaines, rares, disent: « Finalement, mettre au monde dans la douleur, c'est plein de sens. » Si elles donnent du sens, c'est bien. La souffrance, pour élever les petits, n'est pas vaine.

Et que certaines, ou certains, veuillent choisir le sexe de leurs enfants, ça vous choque?

Je trouve semblable attitude ridicule. Avec cette inquiétude quand même: le choix du sexe ne cache-t-il pas une forme de racisme? Et qu'on ne s'y trompe pas. Pour moi, la fille vaut autant que le garçon. En général, je préfère même les femmes aux hommes. Mais de là à choisir le sexe! Je suis allergique au tri. Gardez les grands, envoyez promener les petits... Sélectionnez les blonds de type aryen, faites des Slaves une espèce de deuxième ordre, assassinez tous les autres! Tout tri est effroyable, qu'il soit sexiste ou raciste.

Vous vous y opposez donc radicalement. Mais certaines situations sont dramatiques.

Je ne vais pas entrer en guerre, sauf si on détruit. Si on vous disait qu'en prenant telle ou telle pilule vous avez plus de chances d'avoir un garçon, je trouverais que c'est ridicule. Mais un ménage qui a déjà six filles et qui prie pour que le septième enfant soit un garçon, s'il pouvait être aidé, je ne m'y opposerais évidemment pas!

Et les mères porteuses, ces femmes qui « abritent » un temps l'enfant de quelqu'un d'autre qui, sans cela, ne pourrait pas en avoir?

Cela me gêne beaucoup. Ça me choque même...

Mais c'est aussi un progrès, une possibilité supplémentaire de donner la vie?

Il n'y a pas que donner la vie. C'est animal de donner la vie. L'être humain est relation. Tout petit, la relation s'établit. Pas simplement d'une manière psycho-chimique. Il y a déjà autre chose. Et puis, c'est insupportable que les pays riches puissent « produire » des enfants supplémentaires de cette façon alors que dans les pays pauvres, on met tout en œuvre, y compris la stérilisation, pour réduire le nombre de naissances. Le contraste est peu réjouissant.

Alors, que les femmes puissent engendrer après soixante ans...

Cela me choque tout autant. Il est bon que l'enfant ait une mère qui, plus tard, puisse l'aider à grandir. On joue avec la personne humaine. A soixante ans, on est grand-mère. Il en faut.

Diriez-vous la même chose pour les hommes?

Il faut qu'ils aient comme critère la possibilité d'être père un bon moment, au moins pendant une vingtaine d'années. Aujourd'hui, si l'espérance de vie est de plus de quatre-vingts ans pour les femmes, elle est moindre pour les hommes. Il vaudrait donc mieux éviter de telles situations, se maîtriser.

Tous ces progrès techniques, extraordinaires convenons-en, vous semblent dangereux?

Il en est allé de même pour l'atome. Les progrès de l'homme sont toujours ambigus, admirables par certains côtés et dangereux par d'autres.

Pourquoi?

Parce que l'homme peut en faire mauvais usage et il ne s'en prive pas. La découverte de l'atome contribue à faire mieux vivre. Mais un de ses premiers effets a été le sacrifice d'un million de Japonais. Évidemment, je suis pour le progrès scientifique, à condition de maîtriser ce progrès dans un sens humain.

Comment assurer cette maîtrise?

En France, une initiative intéressante a été prise : la création d'un comité éthique, qui rassemble un certain nombre de personnalités attentives aux requêtes morales de l'homme. Ce comité a rendu service et je souhaite que quelque chose d'analogue soit inventé au niveau international. Quelque chose qui aille même plus loin encore, car le travail de ce comité n'est pas parfait.

Les scientifiques ne sont pas capables de s'autoréguler?

Je ne pense pas qu'ils soient en mesure de s'autoréguler. D'ailleurs il n'existe pas d'organisation scientifique *ad hoc*. Ensuite, les chercheurs ont toujours tendance à aller plus loin, trop loin dans leur domaine. A partir du moment où c'est possible scientifiquement, cela devient moral pour eux. Une déformation professionnelle très dangereuse.

La percée scientifique n'est-elle pas d'autant plus puissante, vertigineuse qu'elle est confortée et encouragée par la poussée généralisée de l'individualisme? Par exemple, certains hommes qui ont envie d'avoir des enfants sans passer par des femmes peuvent trouver des oreilles attentives auprès des scientifiques...

Par-delà ce double mouvement, il y a, je l'espère, des gens qui ont le sens de l'homme et qui garantissent, d'une certaine manière, ce sens de l'homme.

Donc, vous diriez non à ces « procréations masculines » ?

Bien sûr. Le critère de la naissance n'est pas le goût de certains. Je privilégie l'intérêt vital du petit plutôt que la satisfaction des désirs immédiats de l'homme. Cette satisfaction, ce serait le triomphe obscène du « je » sur le « tu ». Et pour moi, le petit est un « tu » en puissance.

Vous n'êtes pas condamné, battu d'avance dans ce combat entre, d'un côté, l'impérialisme scientifique épaulé par l'individualisme et, de l'autre, la « logique humaine » traditionnelle que vous incarnez?

Non. Et je dirai même que l'avenir nous rendra raison. Notre combat, que vous appelez « traditionnel », pour ne pas dire traditionaliste, est celui du futur. Après la période d'enchantement artificiel que nous connaissons aujourd'hui, viendra le désenchantement. J'en veux pour signe la prise de conscience d'un nombre croissant d'hommes de science. Les scientifiques ne sont pas favorables à ce que des homosexuels, hommes ou femmes, aient des enfants sans conjoint.

Mais il est des questions plus complexes encore. Faut-il par exemple pousser la recherche scientifique pour prolonger la vie et jusqu'où, alors qu'on sait que cela coûte un argent qui pourrait être mieux employé ailleurs?

On peut effectivement constater que les sommes faramineuses employées pour certaines recherches de pointe seraient mieux utilisées ailleurs : à aider les pauvres du Rwanda, par exemple. On sauverait de la sorte beaucoup de vies dans un premier temps. Mais réfléchissons un peu plus loin. Car la recherche scientifique prépare aussi des solutions pour demain. L'argent consacré aux études sur les vaccins n'a pas été gaspillé. Il a même été intelligemment investi puisque, par la suite, des millions de vies humaines ont été épargnées. Il faut donc trouver un équilibre. Voilà une tâche ardue, mais indispensable.

Et lorsque vous voyez qu'on dépense des sommes astronomiques pour maintenir artificiellement quelqu'un en état de survie, comment réagissez-vous?

Je n'ai pas très bien compris pourquoi on a maintenu en état de survie artificielle, et pendant de longues semaines, l'ancien chef de l'État espagnol, le général Franco. En même temps, n'oublions jamais que le respect de la vie est essentiel. L'effort pour la prolonger est noble et légitime. Certes, il ne m'échappe pas qu'il est des moments où l'on ne sait plus si l'homme est vivant ou mort, des moments où la vie paraît s'être éloignée, alors que biologiquement elle se poursuit. Mais je crois qu'il y a une limite à ne pas franchir et qu'il faut même la reculer le plus possible.

C'est-à-dire? Pouvez-vous être plus explicite?

D'abord, on a toujours des chances de s'en sortir... Ne serait-ce qu'une : il faut la saisir. Ensuite, le sens de la vie humaine, c'est très important, et si l'on n'y prend pas garde, on tombe très vite dans l'euthanasie, qui est un danger monstrueux. Les hitlériens pratiquaient l'euthanasie.

Des médecins est des infirmières qui ont été confrontés à ce choix sont venus vous voir. Que leur avez-vous dit? Vous ne les avez pas excommuniés?

Non, j'ai tenté d'éclairer leur conscience. Modestement. Ce n'est pas à moi de décider à leur place.

« Éclairer leur conscience »? Dans quel sens?

Tout dépend du moment. Pour ce qui est d'arrêter la vie, je les invite à bien considérer si le malade a ou non une chance de survie. D'autre part, pour ce qui est des soins à donner aux cancéreux, il faut que celui ou celle qui va mourir ne soit pas « enfoncé », qu'il conserve jusqu'au bout sa dignité.

Et quand il n'existe plus de chances de survie et que le malade souffre atrocement?

Aujourd'hui, il existe des méthodes qui empêchent la souffrance et qui, ne nous le cachons pas, entraînent une mort probablement plus rapide. Diminuer la souffrance, la supprimer, c'est très différent de faire disparaître un être brutalement parce qu'il n'a pas toutes les capacités reconnues aux êtres humains.

En ce qui vous concerne, si par malheur une échéance semblable survenait, que souhaiteriez-vous?

S'il est avéré par les médecins sérieux que je n'ai plus aucune espèce de chance; si mon électroencéphalogramme est plat, je demande à ce qu'on ne me maintienne pas dans une survie artificielle inutile.

Et vous légueriez votre corps à la science?

Si cela peut être utile, je ne suis pas contre.

Vous êtes donc partisan des dons d'organes?

Oui. Les dons d'organes sont très souhaitables. Il faut certes laisser aux hommes leur libre arbitre. On ne peut pas prescrire dans ce domaine. Mais sauver des vies, c'est tellement beau. Alors, si d'aventure mon cœur était encore solide, qu'on le prenne. Seulement, il a soixante et onze ans et je doute qu'il présente encore beaucoup d'intérêt...

Derrière tout cela, n'y a-t-il pas une question que l'on n'ose pas poser publiquement parce qu'elle est intolérable : quel prix sommes-nous prêts à payer pour sauver une vie?

Il faut conserver l'idéal. La vie a un prix infini. Comment faire dans la pratique quotidienne puisque cet infini est aussi relatif? En effet, il m'est recommandé de la livrer si cela peut aider à en sauver d'autres. La question n'est donc pas celle du prix de la vie mais du prix de toutes les vies.

Concrètement, que dites-vous? Que faites-vous?

J'essaie d'éclairer les consciences, d'indiquer le prix infini de la vie en rapport avec toutes les autres. Mais là où je suis et tel que je suis, j'emploie toutes mes forces pour qu'un malade soit arraché, si c'est possible, à un destin funeste.

Je veux qu'on prenne tous les moyens de l'en sortir. Je ne suis pas hostile à ce qu'on transporte une petite malade en Amérique et qu'on cherche l'argent nécessaire au voyage et aux soins. Ça fait toujours une vie de sauvée plutôt qu'un discours sur les autres. Il y a beaucoup de gens qui sont intarissables sur le prix, qu'ils veulent illimité, de la vie ; mais dans la pratique, ils ne font rien.

La mort effraie de plus en plus.

Pas partout. Pas de la même façon. J'ai pris une conscience particulière de cette différence dans l'approche de la mort entre riches et pauvres, au Burkina Faso. Les habitants de ce pays pauvre parmi les pauvres ne se soignent pas ou à peine. Comment le pourraient-ils? Ils n'ont rien. Or, malgré leur dénuement absolu, ces Africains ne m'ont pas paru plus tristes que les Occidentaux. Au contraire. Dans leur culture, leur mentalité, existe un instinct qui fait que la mort est un prolongement de la vie. Mourir, ce n'est pas partir complètement.

Postface

« In simplicitate ! » C'est peut-être bien l'esprit qui a présidé à cette décision : publier un dialogue inachevé, que le cardinal Albert Decourtray n'a pas eu la possibilité de relire et donc, de corriger.

Qui suis-je pour parler ainsi ? Cette dédicace de 1994 en dit suffisamment : « *Au Père Abel Cornillon, le plus proche et le plus patient de mes collaborateurs, avec ma gratitude !* »

Nicolas Domenach et Maurice Szafran nous informent au début de cet ouvrage des raisons qui en motive la parution.

Ils nous préviennent que bien d'autres sujets devaient être abordés. Spontanément, je pense à l'Islam, à nos frères musulmans qui se sont récemment exprimés sur le parvis de la cathédrale de Lyon. Ce livre est donc incomplet.

Les deux journalistes ont bien conscience qu'il s'agit d'un langage parlé... pas toujours académique. Le résultat est donc imparfait.

Nicolas Domenach et Maurice Szafran sont venus à la rencontre de notre évêque. Ils l'ont patiemment questionné pour aller toujours plus avant, plus au fond de la pensée, de l'action, de la foi de ce passionné des mystères de notre Dieu. « *Ils sont terribles. Ils me poursuivent dans mes derniers retranchements* » me disait-il. Cet ouvrage était donc nécessaire !

Je vois votre regard. J'accueille votre sourire. Je soupçonne votre accord...

Merci Père Decourtray.

Monseigneur Abel CORNILLON

Cet ouvrage a été réalisé par la
SOCIÉTÉ NOUVELLE FIRMIN-DIDOT
Mesnil-sur-l'Estrée
pour le compte des Éditions Flammarion
en novembre 1994

Imprimé en France
Dépôt légal : novembre 1994
N° d'édition : 15653 - N° d'impression : 29037